The Prince

君主论

[意] 尼科洛·马基雅维利 著

张志伟　梁辰　李秋零 译

东方出版中心

图书在版编目（CIP）数据

君主论 /（意）尼科洛·马基雅维利著；张志伟，梁辰，李秋零译. —上海：东方出版中心，2021.3
ISBN 978-7-5473-1791-4

Ⅰ. ①君… Ⅱ. ①尼… ②张… ③梁… ④李… Ⅲ. ①君主制 - 研究 Ⅳ. ①D033.2

中国版本图书馆CIP数据核字（2021）第038265号

君主论

著　　者　［意］尼科洛·马基雅维利
译　　者　张志伟　梁　辰　李秋零
责任编辑　陈哲泓　戴浴宇
装帧设计　陈绿竞

出版发行　东方出版中心
地　　址　上海市仙霞路345号
邮政编码　200336
电　　话　021 - 62417400
印 刷 者　杭州日报报业集团盛元印务有限公司

开　　本　890mm × 1240mm　1/32
印　　张　7.5
字　　数　79千字
版　　次　2021年3月第1版
印　　次　2021年3月第1次印刷
定　　价　32.00元

目录

译 序

在人类的思想史上，恐怕再也没有一位思想家像马基雅维利（Niccolò Machiavelli）那样受到如此尖锐对立的毁与誉了。近五个世纪以来，他的名字始终与阴险狡诈、口是心非、背信弃义、残暴无情联系在一起。莎士比亚曾称他为“凶残的马基雅维利”，近代人曾称他为“罪恶的导师”。当有记者问美国前国务卿基辛格是否在某种程度上受到马基雅维利影响时，这位素来以镇定、机智著称的政治家却极为焦急地否定说：“一点也没有。”然而，以“知识就是力量”这句名言名垂千古的哲学家弗兰西斯·培根则说：“马基雅维利等前人致力于观察人类曾做了什么，而不是强求人们应该怎样做，使后人得益匪浅。”甚至是恩格斯，在谈到西欧的文艺复兴时，他也曾充满赞美之情地写道："这是一次人类从来没有经历过的最伟大、最进步的变革，是一个需要巨人而且产生了巨人——在思维能力、热情和性格方面，在多才多艺和学识渊博方面的巨人的时代。"[1]而在他接下来所列举的巨人代表中，马基雅维利赫然在列。恩格斯特别指出："马基雅维利是政治家、历史家、诗人，同时又是第一个值得一提的近代军事著作家。"[2]

马基雅维利是意大利佛罗伦萨人。在他生活的时代，欧洲的法国、英国、西班牙都已经建立了统一的民族国家，资本主义经济获得了很大的发展。而意大利在经济上由于地理大发现，世界贸易中心从地中海转移到大西洋沿岸等原因而发展迟缓，政治上则正处于四分五裂的封建割据状态。再加上罗马教皇在意大利各小国之间纵横捭阖，制造分裂，挑起战争，法国、德国、西班牙也乘虚而入，使整个意大利处于战争频繁的内忧外患之中。1469年，马基雅维利出生在一个没落的贵族家庭，其父是一个贫穷的律

1 《马克思恩格斯选集》，第3卷，第445页。

2 《马克思恩格斯选集》，第3卷，第445—446页。

师。由于家境贫寒，马基雅维利未能受到系统的教育，只能自学成才。在当时的人文主义思潮影响下，他自幼便喜欢古代希腊罗马文化，尤其是古罗马历史。此时的佛罗伦萨，正处在美第奇家族的统治之下。1494 年，法国入侵佛罗伦萨，美第奇家族不战而降。佛罗伦萨人民在萨沃那罗拉领导下举行起义，驱逐了美第奇家族统治者，建立了共和政府。1498 年，马基雅维利被任命为佛罗伦萨的第二国务秘书，在执政的十人委员会的领导下负责军事和外交方面的工作。在 14 年的任职期间，马基雅维利多次衔命出使国外，曾到过法国、德国、瑞士和教皇宫廷。多年的政治生涯，不仅使马基雅维利目睹了他国统一的王权为国家带来的兴旺发达，从而痛感意大利的分裂、软弱，激发了他的爱国热情，开始思考挽救祖国危亡的途径，而且也使他亲身体验了各国统治者之间尔虞我诈、玩弄阴谋诡计的种种伎俩，积累了丰富的政治外交经验。

在此期间，马基雅维利还指导和参与了组建佛罗伦萨民军的工作，并曾指挥这支民军战胜过比萨。但在 1512 年，面对由教皇、西班牙和威尼斯组成的“神圣联盟”军队的入侵，这支民军遭到失败。美第奇家族在西班牙势力的扶植下，重返佛罗伦萨恢复统治。马基雅维利失去了在政府中的职位，后又因涉嫌一项反对美第奇家族的案件，遭到逮捕和刑讯。获释后，他在佛罗伦萨郊外的一个农庄里过着隐居的生活。[1]政治上的失意，为马基雅维利学术上的成功提供了条件，其政治思想代表作《君主论》《论李维》以及军事代表作《战争的艺术》都是在此期间完成的。同时，为了重返政坛，他曾托友人向美第奇家族疏通，也一再或上书或进呈作品，希冀得到美第奇家族的宽恕，但最终没有结果。直到1520年，他才被美第奇家族授予佛罗伦萨史官和其他一些不重要的职务，并奉美第奇家族之命写成了历史学名著《佛罗伦萨史》。1527年，佛罗伦萨再次发生起义，放逐美第奇家族，重建共和。马基雅维利立即返回佛罗伦萨，企图依靠当年的功绩恢复在共和国的职位，却因曾讨好美第奇家族并曾受到美第奇家族菲薄的恩遇而遭拒绝。在极度失望之余，马基雅维利于同年忧郁病死。

被后世称之为马基雅维利主义的，主要就是他的《君主论》一书。那么，这部著作究竟为什么给世人造成了截然对立的印象呢？在这方面，马克思对马基雅维利的一个评价可以为我们解开这一谜团。马克思指出，马基雅维利

1 参看本书附录。

使“政治的理论观点摆脱了道德”，而把“权力”“作为法的基础”。[1]

马基雅维利把政治学的基础由道德移向了权力，从而在政治思想史上掀开了新的一页。在此之前，欧洲政治思想领域流行的是道德支配政治的观点。一代一代的思想家在正义、美德等观点的指导下设计出了一个又一个柏拉图式的“理想国”。然而，马基雅维利却认为：“许多人曾经幻想那从未有人见过，更没有人知道曾经在哪里存在过的共和国和君主国。可是从人们实际上怎样生活到人们应当怎样生活，其距离是如此之大，以致一个人要是为了应当怎样而忘记了实际怎样，那么他不但无法生存，而且会自取灭亡。”

正是从这种现实主义的观点出发，马基雅维利虽然认为，君主具有人们通常所说的那些美德，诸如诚实、慷慨、守信、仁慈等等，当然是值得赞扬的。然而，君主之为君主，其首要任务是维护自己的政权和国家。在这样的意义上，君主拥有善良的品行受人赞扬固然是好事，但君主不可能也没有必要拥有所有善良的品行。君主固然应该避免

---

1 《马克思恩格斯全集》，第 3 卷，第 368 页。

那些可能导致亡国的恶行，但如果某些恶行可以挽救国家的话，君主完全没有必要因担心它们可能受到责备而良心不安。例如，被人们称为慷慨固然是好的，但它并不适宜于君主。君主只有在慷他人之慨时，例如带军队出征，靠掳掠、勒索、敲诈来补给时，慷慨才是必要的。而在其他情况下，君主为了保有慷慨的名声，势必耗尽财力，额外增加人民的负担，使人民仇恨他。而当他幡然悔悟痛改前非时，又会立刻被人称为吝啬。君主最应避讳的就是被人轻视或憎恨，而慷慨则会带来这二者。再如残酷和仁慈这一对品质。残酷令人畏惧，仁慈则受人爱戴。所有的君主都会希望被人称为仁慈而避免残酷之名，但比起坐视混乱从而危害整个社会的过分仁慈来说，能够创造秩序和统一的残酷实际上要仁慈多了。君主也许想受人爱戴和令人畏惧二者兼备，但实际上很难做到。如果必须在二者间作出取舍，则令人畏惧比受人爱戴要安全得多。因为人都是忘恩负义、趋利避害的小人，靠惩戒维系的畏惧比靠恩惠维系的爱戴更为有力。人们冒犯一个自己爱戴的人比冒犯一个自己畏惧的人更少顾忌。而在分析守信问题时，马基雅维利更是提出了著名的狮子与狐狸的比喻。马基雅维利指出，笃守信义是值得赞扬的。但经验表明，那些曾经建立了丰功伟绩的君主们却并不重视遵守诺言，而是最懂得运用阴谋诡计，并最终征服了那些盲目守信的人。君主应勇猛如狮子，狡猾似狐狸，二者缺一不可。在遵守信义于己不利的时候，他决不应该遵守信义，但他务必要装出遵守信义的样子。至于其他品质也是一样。君主必须会做一个伟大的骗子和伪君子。君主要显得慈悲为怀、笃守信义、合乎人道、诚实可靠、虔敬信神，但同时又要有精神准备，一旦需要便能够并且知道怎样改弦易辙。如果可能，君主还是不要背离善良之道，但一旦需要，他必须懂得如何作恶。所有这一切，都被概括为马基雅维利的一句名言："目的总是为手段辩护。"

如果上面所说的集中于道德和权术问题，那么马基雅维利更注重的是实力。马基雅维利谆谆告诫君主们，军事是君主的唯一专业，一个君主不仅要懂得用兵方略，而且要熟悉各地的地理形势，即使在和平时期也不能松懈。在他看来，一切国家的主要基础是"完备的法律和精良的军队"。而且，精良的军队比完备的法律更为重要，因为没有精良的军队就不可能有完备的法律，而有了精良的军队，就必能使法律完备。马基雅维利从意大利多年来的经验教训出发指出，依赖雇佣军和援军是意大利各国长期孱弱的一个主要原因。援军考虑得更多的是本国的利益，而雇佣军的眼中则只有金钱。因此，雇佣军和援军非但作战不力，而且如果他们胜利则要受他们的侮辱，如果他们失败则会为他们所抛弃。临阵脱逃、阵前倒戈是司空见惯的事情。因此，聪明的君主总是拒绝这样的军队，而注重培植自己的军队。马基雅维利甚至作出了极端的断言：聪明的君主宁可靠自己的军队失败，也不靠别人取胜。

马基雅维利是一位历史学家，也是一位政治家、外交家，这使得他的观点有着丰富的历史经验和当代现实作为基础，具有很强的说服力，又充溢着强烈的爱国主义精神。本来，马基雅维利的这部著作是为佛罗伦萨当时的统治者洛伦佐·德·美第奇写作的。他期望这位统治者能够借此机会发现，他“是多么不幸地经受着命运之巨大而不断的折磨”，从而改变他不幸的命运。但更重要的是，他期望洛伦佐能够在他“从对现代事物的长期经验和对古代事物的不断研读”所获得的关于伟人之事迹的知识中汲取经验教训，从而领导意大利人民实现祖国的统一和富强。他甚至鼓励这位君主，不要被命运的说法所束缚。因为命运之神的力量虽然非常强大，却只能是外面半个行动的主宰，而其余一半或者几乎一半则归我们自己支配。命运就像一条泛滥的河流，只是人们没有做好准备防范它，它才能显示威力，而人们只要采取积极的措施，就可以制服它、驾驭它。人们只有成为命运的盟友，学会与命运密切合作，安抚它、制服它，才能取得成功。

不幸的是，马基雅维利的希望最终落空了，无论是美第奇家族，还是佛罗伦萨共和国政府，都未能担当起统一祖国的大任。在这种意义上，马基雅维利及其《君主论》是不成功的。但就这部著作对人类历史所产生的巨大影响来说，它又极其成功。当马基雅维利还在世时，这部著作已经开始以手稿的形式在民间广为流传。马基雅维利逝世5年后，即1523年，罗马教皇克莱门特七世亲自批准出版《君主论》。在随后的20年间，这本书竟然重版25次，产生了极大的影响。然而，马基雅维利把政治学说的基础从道德改换为权力和实力，在传统的思想看来毕竟是离经叛道的。更何况在人类社会中，有些事情是说了不必去做的，比如在欧洲绵延两千余年的理想国传统，从来没有一个君主会去认真实行它；但有些事情却是做了说不得的，而马基雅维利恰恰是把那些做了说不得的事情统统说了出来，暴露于光天化日之下。在这种意义上，马基雅维利的非道德政治学说的真正效果就不是教唆，而是揭露。因此，真正地理解了马基雅维利的卢梭说："马基雅维利自称是在给君主讲课，其实他是在给人民讲大课，马基雅维利的《君主论》，乃是共和党人的教科书。"[1] 马基雅维利奉劝君主们伪善，却亲手撕下了君主们的伪善面具，这就使他不可能取悦于统治者们。于是就出现了一个奇怪的现象，那些君主和政客们一方面在做着马基雅维利所说的事情，另一方面却一次又一次掀起批判马基雅维利的浪潮。1559 年，《君主论》刚刚发行不到 30 年，就在欧洲被列为禁书。马基雅维利遭到了天主教和新教的联合反对，被视为异教徒。然而，即便是在这抨击的浪潮中，马基雅维利的《君主论》却成了各国君主和统治者的案头书。马基雅维利在《君主论》中所阐述的政治理论，成为后世统治阶级所奉行的治国原则。且看人们所列出的以下清单：

据说，英王查尔斯五世对《君主论》"爱不释手"。

英国资产阶级革命的领袖科伦威尔一直珍藏着一部《君主论》的手抄本。

法国国王亨利三世和亨利四世在遭暗杀时，随身都带着一部《君主论》。

1　卢梭：《社会契约论》，商务印书馆 1980 年版，第 24 页。

普鲁士国王弗里德里希一直把《君主论》作为自己决策的依据。

法国国王路易十四把《君主论》作为自己每天睡前的必读书。

曾经在欧洲所向披靡的拿破仑最终在滑铁卢折戟沉沙，而人们在打扫战场时，在他的用车中发现了一部写满批注的法文本《君主论》。

德国统一的缔造者、“铁血宰相”俾斯麦对《君主论》极其熟悉，被人视为马基雅维利主义的虔诚门徒。

希特勒自己承认，他一直把《君主论》放在桌上床边，以便随时从中汲取力量。

墨索里尼则说：“我认为，马基雅维利的《君主论》是政治家的最高指南，至今仍具有生命力。”

也许，这个清单还应该再继续开列下去。但我们从中已经可以发现，这个清单中的绝大多数都是暴君式的人物。信奉马基雅维利主义并没有改变他们终将被历史抛弃的命运。但是，马基雅维利没有必要为他们的失败负责，因为正如许多研究者所指出的那样，这些暴君们之所以失败，其原因之一恰恰是他们背离或者歪曲了马基雅维利的基本原则。这一点，只要我们仔细地读一遍《君主论》就可以作出结论。但是，如果马基雅维利仅仅有这样一些学生，则未免太令人失望了。所幸的是，19 世纪末，在意大利要求自由和统一的政治革命中，马基雅维利的思想重新得到了承认。著名的思想家和政治家道格拉斯·格里高利甚至指出，意大利只有遵循马基雅维利的理论才能实现统一，走别的任何道路只能给国家带来失败，给人民带来灾难。在以后的岁月里，马基雅维利的思想和历史上其他优秀文化遗产一样，已经汇入了人民的智慧武库。

我似乎没有必要继续饶舌了。因为在马基雅维利的墓碑上，人们早已刻上了一句话："这位伟人的名字使任何墓志铭都显得多余。"其实，对于《君主论》这部著作来说，任何序言也是多余的。

且以这些多余的话为序。另，为帮助读者理解和把握本书的思想，我们逐章作了提要。

李秋零

一九九七年九月六日

于中国人民大学静园

献 辞

【提要】献辞旨在说明，奉献给洛伦佐殿下的是马基雅维利自己“从对现代事物的长期经验和对古代事物的不断研读获得的”关于伟人之事迹的知识。马基雅维利一方面希望，洛伦佐殿下在思考和阅读了这本书后，达到命运之神和他自己的品质所允许达到的伟大地位，另一方面也希望能由此获得洛伦佐殿下的青睐，从而改变自己不幸的命运。

尼科洛·马基雅维利

呈

洛伦佐·德·美第奇殿下

举凡希图获得某一位君主之恩宠的人，他们最常见的做法，是把自己最心爱的东西或者他们认为君主最喜爱的东西敬献给他。因此，我们常常看到君主们收到诸如骏马、武器、金衣、宝石之类的礼品，以及与之类似的同他们的伟大地位相称的饰品。不过，当我希望通过敬献给您[1]一些

1 洛伦佐·德·美第奇（Lorenzo de' Medici, 1492—1519），洛伦佐殿下（1449—1492）的孙子，他于 1516 年成为乌尔比诺公爵，马基雅维利最初打算把《君主论》一书献给朱利亚诺·德·美第奇（Giuliano de' Medici），洛伦佐殿下的儿子，尼莫尔斯公爵。但是他在 1516 年去世了。

礼物以表示我的忠心的时候，倾我之所有也找不到什么比我对于伟人之事迹的知识更令我心爱、更珍贵的礼物了，那是我从对现代事物的长期经验和对古代事物的不断研读中获得的，通过对这些事物长期孜孜不倦地思考和检验，现在我把它浓缩为一本小书，并敬献给殿下您。

虽然我估计这本著作不值得领受您的垂顾，但是，考虑到除了使您能在最短时间内了解到我多年来经过许多困难和危险而学习、了解到的一切外，我不可能奉献给您更好的礼物了，因此我深信，以您的仁慈，它会为您所接受。对这本著作，我没有采取许多人惯用的描绘和装饰他们作品的方式来修饰，即是说，我没有让它充满格言式的警句或华而不实的辞藻，也没有让它充满任何肉麻的恭维或多余的装饰。因为我希望，这本著作如若赢得赞誉，那纯粹是由于其内容的丰富多样和主题的重要而使人喜欢。我希望，一个地位卑下的人胆敢议论和指责君主们的政务，这不会被看作是僭越或放肆。因为，正如那些描绘风景画的人，置身于平原是为了了解山峦和高地的本性，置身于巅峰是为了了解低地的本性，与此类似，明了人民本性的人应该是君主，而明了君主们本性的人则应该是人民中的一员。

所以，恳请殿下您体谅我敬献这本书的心情，接受这份小小的礼物。如果殿下您思考和阅读了这本书，您将从中了解到我对您的无与伦比的热望：盼望您达到命运之神和您其他的品质所允许达到的伟大地位。与此同时，如果殿下您从那至高无上的巅峰俯瞰这些卑微的地方，您将发现，我是多么不幸地经受着命运之巨大而不断的折磨。

第一章

君主国的种类以及获得它们的方式

【提要】 本章对国家政权形式进行分类，为后面的分析张本。

迄今为止，统治人类的一切国家和政权有两类，它们不是共和国，就是君主国。君主国若不是世袭的，就是新建的。在世袭的君主国里，长期以来，统治者的后裔是它们的君主。而新建的君主国或者是全新的，例如弗朗切斯科·斯福尔扎[1]的米兰公国，或者是臣服于君主世袭国家的附庸们，就像西班牙国王属下的那不勒斯王国[2]。如此获得的疆域，或

1 弗朗切斯科·斯福尔扎（Francesco Sforza，1401—1466），雇佣军指挥官，1450 年通过背叛和颠覆米兰共和国而成为米兰的统治者。1447 年他以与米兰公爵菲利普·马利亚·维斯孔蒂的女儿的婚姻为名，要求米兰尊重前统治者的血缘后裔，既而成为米兰公爵。

2 西班牙国王天主教徒费迪南德在 1500 年与法国国王路易十二缔结条约瓜分了那不勒斯王国之后，在 1504 年又把法国人逐出了那不勒斯，将其并入西班牙王国。

者习惯于在一位君主的统治下生活，或者一直是自由的国家；至于这些政权的获得，若不是依靠他人的武力，就是依靠自己的武力，或是因为好运，或是因为美德。[1]

1 马基雅维利在新旧两种意义上使用 virtù（美德）这个概念（它们同时出现在第八章中）。美德的旧意义是指道德上的德性，而它的新意义则是指在获益的军事行动中勇气与谨慎的某种结合，这种军事行动因其全然可见而赢得人们的赞美。

第二章

论世袭的君主国

【提要】 本章旨在说明，世袭的君主国由于其历史悠久而易于维持统治。

在此我不打算讨论共和国，因为在别的地方[1]已经详细讨论过了。我只想谈谈君主国，并且继续按照前面所提及的线索把讨论进行下去；我将全面讨论那些君主国应该如何来治理和维持下去。

我认为，在那些习惯于服从君主后裔统治的君主国里，维持它们的困难比那些新建的君主国要小得多，因为只要君主不违反其祖先传下来的典章制度，并且在面对意外事件时因势利导，那就足以维持他的统治。如果有一位君主按照这

1　参见马基雅维利的另一部主要著作《论李维的〈罗马史〉》，他在那里除了利用其他原始材料以外，还使用了李维关于罗马共和国的史料讨论了共和国。实际上马基雅维利在《君主论》中也讨论了共和国（例如，在第三章中讨论了“罗马人”），只是不“详细”罢了。

种方式治理国家，那么即使他只具备平平常常的勤勉，也将永远维持他在其国家中的统治——除非有某种不同寻常的和极端强大的力量取而代之。而且就算他被篡位夺权了，一旦什么灾祸降临在篡位者身上，他就会轻而易举地恢复统治。

例如在意大利，我们有费拉拉公爵，他之所以没有屈服于威尼斯人在 1484 年的侵袭，也没有屈服于教皇朱利奥在 1510 年的进攻，除了其家族在这块领地上的统治古老而悠久之外，没有别的原因。[1] 因为世袭的君主很少有理由和必要去冒犯他人，因此他为人们爱戴乃是自然而然的事。倘若没有异乎寻常的恶行使他招致人们的憎恨，他自己自然会善以待人，这显然合乎情理。由于统治的古老悠久和长时间的延续，革新的记忆和原因都湮灭殆尽了，因为一次改革通常总是为下一次改革的建筑留下一面可供接续建造的齿状墙。[2]

---

1 马基雅维利说的好像是同一位费拉拉公爵，其实是两位费拉拉公爵：埃尔考一世（Ercole I d'Este, 1431—1505）和他的儿子阿方索一世（Alfonso I d'Este, 1476—1534）。埃尔考在 1484 年败于威尼斯人，阿方索则于 1510 年暂时被教皇朱利奥夺去了他的君主国。

2 齿状墙是一面保留在一座建筑一边的齿状的墙，为的是另一座建筑可以附接于其上。马基雅维利用这一隐喻把世袭的或“自然的”君主国比作一座连一座永远不会完成而且似乎没有开端的一排房屋。

第三章

论混合的君主国

【提要】 本章利用正反两方面的例证，说明一个混合的君主国如何维持在新征服领土上的统治。所谓混合的君主国，指一个原有的君主国把一块新征服的领土并入自己版图内。马基雅维利认为，维持新征服领土的统治，尤其是如果这新征服的领土在语言、风俗习惯和典章制度等方面与原有的国家不同，要想保有它们是相当困难的，君主为此需要极好的运气并且需要付出极大的努力。马基雅维利为这样的君主提供了如下的建议：1. 最好和最快捷的办法之一是君主御驾亲临，驻守在那里；2. 最好的措施是向那里的要害之处派遣殖民；3. 成为周围邻近比较弱小势力的首领和保护者，并且设法削弱该地区比较强大的势力，而且留心不要让某个与他同样强有力的外国君主利用什么意外事件插足这个地区。在这样做的时候，君主应遵循以下的原则：1. 尽可能不增加当地居民的负担，以免引起人们的怨恨；2. 如果不得不伤害一些人，必须使他们无法报复；3. 防微杜渐，竭尽全力及时采取一切措施避免可能发生的骚乱，决不能使混乱局面坐大，必要时甚至要采取战争的手段。因为拖延战争并不能避免战争，拖延的结果只能使自己处在更不利的境地。

然而在新的君主国中，却出现了重重的困难。首先，如果这个君主国不是全新的，而好像是一个新增加的组成部分（就其被视为一个整体而言，它可以被称为混合的君主国），那么它的动荡不定，首先就起因于在所有新君主国中都存在的自然本性方面的一个困难。这个困难就是，人们自愿更换他们的主人，相信这将使他们生活得更好，这种信念使他们拿起武器来反对主人，然而当他们这样做时，他们上当受骗了，因为后来的经验使他们认识到，他们的生活比以前更糟糕了。这种状况由另一个自然的、通常是必然的结果所引起，那就是当一个人成了新的君主之后，他需要以他的军队和新领地的斩获来维持他的统治，而由此引发的无穷灾难势必使他伤害新属民。这样一来，你就把所有那些因为你占据那个君主国而受到伤害的人都变成了你的敌人，与此同时你亦不可能与那些帮助你成功的朋友继续保持友谊，因为你不可能按照他们所期望的那样满足他们的要求，由于你对他们负有义务，也不可能使用强有力的手段来对付他们。即使一个人拥有最强大的军队，为了进驻一个地方[1]，通常他仍然需要当地居民的支持。正是由于这些原因，法国国王路易十二占领米兰很快，丢失米兰一样很快，而第一次把路易十二驱逐出去，单凭洛多维科自己的军队就足够了。[2]因为那些曾经向路易十二打开城门的人发现，他们被自己的判断和对未来利益的期待蒙蔽了，他们无法忍受这位新君主给他们带来的烦恼。

当然，当那些背叛的地方第二次被占领之后，它们就很难再丢失了，因为统治者抓住了背叛所提供的良机，毫

1 “地方（province）”意指一个可以比一个“国家”更大也可以比它更小的区域或地区。

2 洛多维科·斯福尔扎（Ludovico Sforza），从 1494 年到米兰于 1499 年 9 月被路易十二占领，在此期间任米兰公爵。他在 1500 年 2 月重新夺回了米兰，但是后来他的瑞士雇佣军背叛了他，法国人在这一年的 4 月“第二次”回来了，但在两年之后，经过与教皇朱利奥二世率领的神圣同盟进行的诺瓦拉战役，法国人又失去了米兰。

不犹豫地通过惩罚罪犯、揭露嫌疑犯以及弥补薄弱环节，来维护自己的统治地位。这就是为什么只要洛多维科公爵在边境煽动暴乱便足以使法国第一次失去米兰，而要使法国第二次失去米兰，却不得不让整个世界都来反对它，并且打败它的军队或把它赶出意大利。上面我业已说明了这些原因。

有关法国国王第一次失去米兰的一般原因已经讨论过了，现在还需谈谈他第二次失去米兰的原因，并且看一看他有没有什么补救的办法，以及任何处在他的状况之下的人能不能比他更好地维护他所征服的领地。要让我说的话，那些被征服并且被合并到征服者自己的古老国家中的国家，或者与它在同一个地区并且使用同一种语言，或者不是如此。如果它们与征服者的国家同属一个地区而且使用同样的语言，尤其它们不是过惯了自由的生活，那么保有这些国家就是一件非常容易的事；而且要想安全牢靠地占有它们，只要灭绝过去统治它们的君主的家族就足够了。由于对它们来说，在其他方面旧有的环境仍然保持不变，而且它们的风俗习惯与过去也没有什么不同，人们就会安然地生活下去，例如布尔戈尼、布列塔尼、加斯科涅或诺曼底看上去就是这样的，法国占据这些地方已经有很长的时间了；[1] 而且尽管它们使用的语言可能有些差异，然而风俗习惯是相似的，所以它们彼此之间很容易相互容忍。无论征服它们的人是谁，他若想保有它们，有两件事是必须做的：其一是对它们的旧君主的血缘后裔要斩草除根；其二是既不要改变它们的法律，也不要改变它们的赋税：这样一来，它们就会在很短的时间内与古老的君主国融为一体了。

然而，如果一位君主在某地征服的那些国家在语言、风俗习惯和典章制度等方面与他的国家有所不同，那么要想保有这些被征服的领地就会有很多困难了，他需要有极好的运气并且为此要付出巨大努力。而对于任何征服者来说，最好和最快捷的办法之一或许是御驾亲临，驻守在那里。这将使他的占领地更稳固，更持久，就像土耳其国王在希腊所做的那样。假如土耳其国王当初没有亲临其地驻守在希腊，那么即便他为了保有这个国家而建立其他一切秩序，也不可能保有它。因为如果你在那里，那么骚乱刚一冒头就会被发现，这样你就能够迅速地处理它们；否则，只有当乱子闹大之后你才有所察觉，你也就失

1　布尔戈尼从 1477 年起，布列塔尼从 1491 年起，加斯科涅从 1453 年起，诺曼底从 1204 年起，就归属法国所有了。

去了处理它们的最佳时机。除此之外，你的官吏也不能掠夺这个被征服的领地；臣民们由于能随时随地很容易接近自己的君主而感到满意，这就使那些愿意做良民的人们有更多理由爱戴君主，而那些居心不良的人则有更多原因惧怕君主。至于那些有意攻击这个国家的所有外部势力，当他们企图这样做时，肯定会更加谨慎，因为如果君主驻守于此地，任何外部势力要想争夺这个地方都会遇到极大的困难。

另一个更好的措施，就是向这个国家的一两处看来是其薄弱环节的地方派遣殖民，因为若不采取这样的措施，就要用大批的士兵控制那些地方，对于维持在这个国家的统治来说，两者之中总有一个是必要的手段。就殖民而言，君主用不着耗费太多的财力，他无须花费，或是只要很少的费用，就可以派遣殖民并且屯守在那里；而且当君主这样做的时候，他所得罪的无非是那些被剥夺了田地房屋给新来居民的人，在这个国家之中，他们毕竟是极少的一部分。而他所得罪的这些人，由于他们总是分居各地并且一贫如洗，所以对他根本构不成什么危害，一方面所有其他的人依然未受损害，因而君主的殖民措施不会引起他们的恐慌；另一方面这些未遭其害的人们唯恐对少数人的剥夺会发生在他们身上，所以不敢有半点的差错。我的结论是，这种殖民的代价并不昂贵，他们更忠实可靠，而且得罪的人很少；而君主所得罪的那些人，由于如前所述，他们一贫如洗且分散于各地，因而无法为害。就此而言，必须引起注意的是：君主对人民要么加以爱抚，要么除掉他们，因为他们对轻微的冒犯能够施以报复，对严重的伤害却无能为力，因此，君主加之于人的伤害应该是他用不着惧怕会引来报复的那种。但是，如果君主以军队代替殖民来维护一个国家的话，由于他不得不在守卫这个国家的同时耗费掉从这个国家所得到的全部收入，那样他的花费就更多了。这样一来，收获反而变成了损失，而且由于他的军队调动频繁，整个国家都受到损害，他所得罪的人就更多了。每个人都承受着这种痛苦，因而每个人便都成了他的敌人；而且他们是有能力伤害他的敌人，因为他们虽然战败了，却仍旧生活在自己的家里。因此无论从哪个角度看，以驻守大批军队的方式来实施防卫是没有用的，都不如借助殖民那样有效。

无论是谁占据着一个如前所说的，在语言、风俗习惯和典章制度等方面都有所不同的地区，他都应该使自己成为周围邻近弱小势力的首领和保护者，并且设法削弱这个地区中比较强大的势力，同时留心不要让某个与他一样强有力的外国君主利用任何意外事件插足这个地区。一个外国君主被当地某些或是因为怀有强烈的野心或是由于恐惧而心怀不满的人引到那里去，这是经常发生的事，例如我们大家都知道，罗马人就是由埃托利亚人引进希腊的；而且罗马人曾经入侵的所有其他地方，也都是由当地人引进来的。事情总是这样发生的：一旦某一位强大的外国君主侵入一个地区，这个地区中所有弱小势力出于对凌驾在他们之上的势力的妒忌，都会依附于入侵的君主。因此就这些弱小势力而论，笼络他们是不会有任何困难的，因为所有这些弱小势力很快而且心甘情愿地与入侵的君主所征服的国家合为一体。他只需留心不要让这些较弱的势力获得太大的力量和权威。而且凭借他自己的力量和这些弱小势力的支持，他可以轻而易举地镇压那些有力量的势力，从而依然是这个地区所有一切的主宰。无论是谁，如果他没有贯彻实行好这项政策，那么他所获得的地区立刻就会丧失掉，而且当他拥有这个地区之时，他在那里也将遇到数不清的困难和令人烦恼的事情。

罗马人在他们所夺取的那些地方认真贯彻了这些

策略。他们迁就那些弱小势力，但决不让他们的力量壮大，他们镇压强大的势力，而且决不允许外国势力在那里树立声誉。我想，对此只要举希腊地区为例就足以说明问题了。罗马人对阿凯亚人和埃托利亚人采取安抚策略，他们打败了马其顿王国并且赶走了安提奥库斯。但罗马人却从不因阿凯亚人或埃托利亚人为之建立了功绩而允许他们的国家有些许的扩大；无论菲利普怎样劝诱也不能使罗马人成为他的朋友，而不把他打倒；同样，他们也从不因为安提奥库斯的势力强大而允许他在这个地区确立任何地位。罗马人处理这些事情的所作所为正是一切明智君主都应该做的：他们不仅必须考虑眼前的麻烦，也必须顾及将来可能出现的麻烦，他们必须竭尽全力采取一切措施来避免这些麻烦，因为当一个人事先预见到了可能发生的事件，他就能很容易找到对付它们的办法，但是如果你非要等到危难临头，由于已经病入膏肓，那就无药可救了。就此而论，正如医生们关于肺结核所说的那样，在发病初期，治疗容易而诊断困难，但是时间一长，如果因初期未能诊断出来而没有得到及时治疗，那么诊断倒是容易了，可要想治愈就困难。国家的事务亦是如此，如果君主对于国家中初露端倪的灾祸能高瞻远瞩有所察觉（非深谋远虑者不能做到这一步），那么这些灾祸马上就能消解；但是如果灾祸未能被及时发现，任其发展蔓延到每个人都有所察觉的地步，那就无法挽回了。

因此，罗马人总是预先看到麻烦便马上谋求补救的措施，而且从不为了避免战争而任其发展下去，因为他们知道战争是不该回避的，拖延的结果只会让他人有利可图。所以，他们决意在希腊同菲利普和安提奥库斯开战，以免将来在意大利同他们作战。本来罗马人当时完全有可能避免这两场战争，然而他们不想这样做。他们决不喜欢我们这个时代的智者们每天都挂在嘴边的那句话——享受等待的恩惠吧，他们宁愿享受自己的品质与谋略的恩惠。因为时间可以带来一切，它带来好事的同时也带来坏事，而带来坏事的同时也带来好事。

然而，让我们转向法国人，并且检验一下他们是否做过某件上述所说的事情。我要谈的是路易而不是查理，[1]因为前者占据意大利的时间更长，其活动的过程看得更清楚。

1　是路易十二世，而不是查理八世；后者在 1494 年 9 月对意大利的入侵仅仅持续到 1495 年的 10 月。

而且你将看到，他的所作所为，同想要在一个各方面都有所不同的地区保有一个国家应该做的事情，正是大相径庭。

法国国王路易是由于威尼斯人的野心而被引入意大利的，他们想借助路易的介入得到半个伦巴第。我不想非难法国国王所采取的这个政策，因为他希望由此而着手在意大利建立一个立脚点，但他在这个地区的确没有任何朋友，由于国王查理的品行，所有大门都对他关闭了，因而他不得不接受他所能得到的任何形式的友谊。而且假如他在处理其他事情上没有犯错误的话，他所采取的这个政策确实有望如愿以偿。因此，当他得到了伦巴第之后，这位国王立刻就重新获得了查理早已失去了的威望：热那亚投降了，佛罗伦萨人成了他的朋友；曼托瓦侯爵，费拉拉公爵，本蒂沃利奥，富尔利夫人，法恩扎、佩萨罗、里米内、卡梅里诺、皮奥姆比诺等地的统治者，以及卢卡人，比萨人，锡耶纳人——全都奉迎于他，希望成为他的朋友。此时此刻威尼斯人才可能认识到他们所采取的路线是多么鲁莽：他们为了得到伦巴第的两块土地，却让法国国王成了意大利三分之二领土的统治者。

现在我们可以设想，假如法国国王遵守上述所说的各项规则，牢牢掌握并且保护他的所有那些朋友，那么他要在意大利保持自己的威望绝不是什么难事，因为他们虽为数众多，但软弱而胆怯——有些惧怕教廷，有些惧怕威尼斯人——因此总是不得不紧随法国国王其后，从而他只要借助于他们就能够轻而易举地保护自己，与他们当中所剩下的那些强大的势力相抗衡。然而他刚一进入米兰却反其道而行之，去帮助教皇亚历山大占据了罗马尼阿。他绝想不到这项决策削弱了他自己，使他失去了他的朋友和求助于他的庇护的那些人，同时亦使教廷在精神的巨大权力之上又增加了对世俗事务的巨大权力，从而势力大增。当他犯了第一个错误之后，就不得不继续错下去，以至于为了遏制住亚历山大的野心，为了阻止他成为托斯卡纳的统治者，他不得不亲自到意大利去。然而，使教廷势力壮大，失去了他的朋友，这一切对他来说似乎还不够，因为他还垂涎那不勒斯王国，便伙同西班牙国王来瓜分它。最初他是意大利的主宰，但现在他却带来了一个伙伴，于是这个地区的野心家们和那些对他心怀不满的人有了转风使舵的余地，而且他本可以扶持某个向他纳贡的人做这个王国的国王，然而他却赶走了纳贡者，把一个能够将他自己驱逐出去的人带了进来。

当然，一个人心怀获取领土的欲望，这的确是一件非常自然和再普通不过的事情，而且当人们在力所能及的范围内这样做时，一定会得到赞扬，或者不会受到非难。但是，如果他们没有能力却非要这样做的话，那就是错误的，并且会受到非难。因此，如果法国国王能够依靠他自己的军队攻击那不勒斯，他就应该这样做；如果他没有能力，就不该瓜分那不勒斯。如果说法国与威尼斯人一道对伦巴第的分割是出于借此在意大利获得立脚点的目的，因而是正确的，那么这另一次瓜分由于没有那种必要性为其根据，就应该受到非难。

由此可见，路易犯了五个错误：他消灭了那些弱小的势力；增强了意大利某个势力的力量；把一个非常强大的外国人引入了意大利；他没有御驾亲临驻守在那里；也没有派遣殖民到那里去。倘若他没有犯第六个错误，亦即夺取威尼斯人的国家的话，那么当他在世的时候，这些错误还不足以构成对他的伤害。因为假如他没有让教廷的势力坐大，或是未曾把西班牙人引入意大利，那么他迫使威尼斯人屈服肯定在情理之中，而且不可避免。然而如果他采取了那些策略，他就绝不应该让威尼斯毁灭，因为当威尼斯人强大的时候，他们一定会迫使其他人远离角逐伦巴第的战场，这不仅是因为对威尼斯人来说，除非他们自己成为那里的统治者，否则他们不会允许他人的介入，而且是因为其他人绝不愿意从法国手中夺取伦巴第以便把它拱手送给威尼斯人，何况他们也没有同时与两者为敌的勇气。倘若有人为法国国王路易的所作所为辩解，说他之所以把罗马尼阿让与亚历山大，把那不勒斯王国让与西班牙，都是为了避免战争，那么根据上述所说的理由，我的回答是：人们决不应该为了避免一场战争而听任混乱局面继续下去，因为拖延战争并不能够避免战争，其后果只会对你自己不利。假如另外一些人指出下述事实来为他辩护，即法国国王与教皇有所约定，他以解除他的婚姻和得到卢安枢机主教的帽子作为交换条件，允诺支持教皇的事业，[1] 对此我将在以后讨论君主的信誉以及君主应该如何守信[2]时再来回答这个问题。因此，法国国王路易丢掉了伦巴第的原因就在于，他没有遵守那些得到土地并且希望保有它们的人们都会遵循的所有规则。所以，他失去了伦巴第并不奇怪，那实在是再平常不过的而且是在情理之中的事。关于这件事，

1 路易十二世曾经得到教皇的认可，解除他与珍尼·德·瓦路易斯的婚姻，并且让他的首相乔治·达布瓦斯由卢安主教升任枢机主教（即戴上红衣主教的红帽子）。

2 见第十八章以下部分。

当瓦伦蒂诺（人们都这样称呼教皇亚历山大的儿子切萨雷·博尔贾）占领罗马尼阿的时候，我曾经在南特对卢安枢机主教说过。当时卢安枢机主教对我说，意大利人不懂得战争，我对他的回答是，法国人不懂得政治，因为如果他们懂得政治，他们就不会让教廷的势力如此坐大了。而且经验也表明，教廷与西班牙在意大利的强大乃是由法国一手造成的，而法国在意大利的溃退则是教廷与西班牙势力强大的必然结果。由此我们可以得出一条普遍的法则，这条法则永远也不会或者极少有出错的时候：谁的所作所为导致了他人强大，谁就一定要灭亡；因为这一势力的强大若不是通过辛苦的劳作，就是凭武力而一手促成的，这两者都会引起强大起来的人的猜疑。

第四章

为什么亚历山大大帝所征服的大流士王国在他死后没有背叛其继承者

【提要】本章把有史以来的君主国划分为由君主与一群臣仆（大臣）统治的王国和由君主与一群诸侯统治的王国。前者难以获得却易于保有，后者则易于获得而难以保有。因为前者的统治系于君主及其家族，大臣们都是君主的奴仆，其权力来自君主的宠信，因而不易被收买，而且即使被收买，也由于他们并不被人民特殊爱戴而起不了多大作用。但这样的国家一旦被征服，君主的家族被灭绝，就没有别的人能够得到人民的信赖，号召人民起来反抗了。而在后者的统治中，诸侯的权力来自其悠久的高贵血统，他们有自己的土地，并受到人民的爱戴。他们易于成为被入侵者收买的内奸，使入侵者轻而易举取得胜利，但也同样易于成为新变革的首领。

考虑到保有一个新得到的国家所遇到的诸多困难，人们可能对这样一个历史事实的发生感到不可思议，即为什么亚历山大大帝在短短几年内就成了亚洲的主宰，而且恰好在完全征服亚洲之前他就死了，此时此刻整个帝国发生叛乱应该是情理之中的事，然而亚历山大的继承者们却继续保有着江山，除了由于各自的野心在他们自己当中所引起的麻烦之外，他们并没有遇到其他的困难。[1] 我的回答是，有史以来的君主国都是通过两种不同方式进行统治的：一种是由一位君主和他的所有臣仆一起统治这个王国，那

1　马基雅维利显然指这段历史：亚历山大大帝从公元前 334 年到公元前 327 年的七年中迅速占领了“亚洲”，而在他死后，整个帝国被七位将军瓜分，最终分裂为十一个王国。

些臣仆承蒙他的宠信和钦许而作为大臣辅佐于他；一种是由一位君主与一群诸侯一同掌管这个王国，诸侯拥有这个地位不是由于君主的恩宠，而是因为他们古老尊贵的血统。这样的诸侯拥有他们自己的国家，以及奉他们为主人并且以自然而然的情感拥戴他们的臣民。那些由一位君主和他的臣仆们进行统治的国家视它们的君主为更大的权威，因为在所有他管辖的地域之内，只有他自己是至高无上的统治者，即使人们服从其他人，那也不过是因为这人是大臣和官员，不会对他有任何特殊的爱戴之情。

在我们这个时代，这两种不同类型的统治方式，其例证有土耳其皇帝和法兰西国王。土耳其皇帝的君主国由一位主子所统治，其他人都是他的臣仆。他把他的王国分成若干个山亚克[1]，派遣不同的行政官员管理它们，而且随心所欲地更换或者调动他们。但是法兰西国王却置身于一大群渊源古老的贵族当中，他们在自己的领地之中具有其臣民们所公认的权威，并且受到臣民们的爱戴：他们拥有自己的特权，除非国王想冒险，否则不能剥夺他们的特权。因此，无论是谁考察这两个国家他都会发现，要想夺取土

1　一种行政单位。

耳其皇帝的国家是困难的，但是如果夺了过来，保有它却非常容易。与此相反，你会看到，就某些方面而言，占领法兰西这个国家比较容易，然而要想保有它却是难上加难。

要占领土耳其皇帝的王国之所以会面临诸多的困难，其原因就在于入侵者不可能受到这个王国的王侯们的邀请而进入这个国家，也不可能奢望依靠皇帝周围人的叛变使他的入侵计划得以顺利实现。这些原因是由上述事实所决定的，因为既然这个王国所有的人都是皇帝的奴仆，并且受到义务的制约，所以要想收买他们是极其困难的，而且即使收买了他们，也不能指望由此得到什么好处，因为他们不可能带动他们的人民跟着他们一起走，其原因一如前述。因此，无论谁要进攻土耳其，他都必须想到，他将面对一个团结一心的整体，他最好把希望寄托在自己的力量上，而不要依靠他人的骚乱。然而，一旦土耳其皇帝被征服了，而且败到了这般田地，以至于到了无法再重整旗鼓的地步，那么除了王室家族之外，就再没有什么可怕的人了。如果王室家族被灭绝了，由于其他人不受人民的信赖，那就再也没有什么可怕之人了，而且正如胜利者在胜利之前并没有打算指望他们一样，所以他在胜利之后亦不会害怕他们。

然而，就那些像法国那样进行统治的王国而言，情况正好相反，因为只要你把这个王国的某些贵族争取过来了，你就能轻而易举地侵入其中，原因是在那里心怀不满的人和渴望变革的人随处可见。由于上述这些原因，他们会为你的入侵鸣锣开道，从而使你顺利地取得胜利。但是此后你若想保持住你的胜利果实，那么你就会面临无限的困难，它们来自那些曾经帮助过你的人和被你压迫的人。你只是灭绝了国王的家族是不够的，因为那里残存下来的贵族们成了改朝换代的新首领，而且由于你既不能使他们得到满足，也不能灭绝他们，只要他们的机会一到，你就会失去这个国家。

现在，如果你考察一下大流士[1]的政府的性质，你将会发现它与土耳其皇帝的王国是十分类似的。所以，对亚历山大大帝来说，向大流士发动全面的进攻，并且彻底打垮他是首要的任务。在赢得了这场胜利之后，随着大流士的死亡，由于上面已经说过的那些原因，这个国家终于牢固地掌握在了亚历山大大帝的手中。而且，假如亚历山大的继承者们团结一致的话，他们本来可以从容不迫地享有这个国家，若非他们自己起了内讧，在这个王国中是绝不会

1 大流士三世（公元前 380—前 330）是波斯的国王，被亚历山大大帝击败而失去了他的帝国。

发生任何骚乱的。然而，以如此平稳的方式占领像法国那样组织起来的国家却是不可能的。在西班牙、法兰西[1]和希腊，反对罗马人的叛乱之所以频繁发生，此起彼伏，就是因为在这些国家里存在着多如牛毛的君主国。只要他们的记忆尚存，罗马人就还不能说是他们稳固的统治者，但是当罗马帝国的权力和长期的统治使他们的记忆丧失殆尽时，罗马人便成了这些地区的牢固的统治者。而且即使后来罗马人之间发生了内战，他们当中的每一个人由于各自在这个国家的某一部分已经树立了权威，因而还是罗马人在统治着这些地区。由于这些地区以前的统治者的家族都被灭绝了，所以这些地区不承认别人，只承认罗马人的权威。因此，如果明白了所有这些事理，那么我们对于亚历山大为什么轻而易举就占有亚洲国家，而其他人例如皮鲁[2]和许多像他一样的人为什么很难保有他们所获得的领地，就不会感到惊讶了。这不在于胜利者的力量的大小，而是由于被征服者的情况有所不同而已。

1　马基雅维利喜欢用它的现代名称称呼古代高卢；见《论李维〈罗马史〉》。

2　皮鲁（Pyrrhus，公元前 319—前 272），埃皮鲁国王，曾经从罗马人手中夺得西西里，但很快又失去了它。

第五章

对那些被占领前生活在他们自己的法律之下的城市或君主国应该如何管理

【提要】 本章说明，要想保有被占领前生活在自己的法律之下的城市或君主国，有三种方式：1. 摧毁之；2. 御驾亲临驻守在那里；3. 扶植一个傀儡政府。由于这样的城市或君主国在叛乱的时候总是以自由或者古老的典章制度为名义，且这些东西极难遗忘，所以傀儡政府难以支持。如果被征服的是一个君主国，由于旧的君主家族被消灭了，人民又不允许在自己中间再产生一个，反抗的过程就会比较缓慢。但如果是一个共和国，则由于人民已经习惯了自由，仇恨就更强烈，复仇的欲望也更多。所以，最好的办法就是摧毁它们后驻守在那里。

如果那些被征服的国家如上所述，习惯于生活在他们自己的法律之下而且是自主的，那么要想保有它们有三种方式：第一种是摧毁这些国家；第二种是御驾亲临驻守在那里；第三种是允许他们生活在他们自己的法律之下，对他们收取贡赋，并且在这些国家之中创建一个使之与你保持友好关系的寡头政府。由于这样的政府乃是由君主一手建立起来的，所以它很清楚若不依靠君主的友谊和力量它就无法站稳脚跟，它不得不竭尽全力拥护他。而且君主若想保持住一个习惯于自由生活的城市，那么借助于这个城市自己的市民比采取其他任何方法都更容易。

斯巴达人和罗马人就是例证。斯巴达人通过在雅典和底比斯建立寡头政府来控制它们，但就是这样他们还是失去了雅典和底比斯。[1] 罗马人为了保有卡普阿、迦太基和努曼提亚而摧毁了它们，所以没有失去它们。[2] 罗马人企图像斯巴达人那样，以让希腊享有自由并且允许它保持自己法律的方式保有希腊。然而他们没有成功，于是他们为了保有希腊，不得不在这个地区毁灭了许多城市。因为要想占有它们，除了毁灭它们之外的确没有什么更好的办法。因此无论是谁，如果他成了一个习惯于自由生活的城市的保护人而没有摧毁它，那么他就只有等着被它所摧毁。因为这个城市在叛乱的时候，总是以自由的名义和它自己古老的典章制度作为借口，而这两者无论经过多长的时间或是施以恩惠都无法使人忘怀。除了使这个城市的居民四分五裂或是散落各方，否则不管你怎样做或怎样防备，他们都不会忘记那个名义和那些典章制度，而且一遇到什么意外的事件就会马上想起它们来，正如为佛罗伦萨奴役了百年

---

1 在雅典，斯巴达人于公元前 404 年所建立的三十暴君专制的政府，在公元前 403 年就被推翻了。在底比斯，胜利者斯巴达人于公元前 382 年建立了一个寡头政府，公元前 378 年被培罗皮达斯推翻了。

2 卡普阿在叛乱之后于公元前 211 年为罗马人所灭；迦太基在公元前 146 年为罗马人所灭；努曼提亚则是在公元前 133 年为罗马人所灭。

之后的比萨那样。[1]但是，由于一些城市或地区习惯于在一位君主的统治下生活，而这位君主的家族后来被消灭了。由于一方面他们习惯于服从，另一方面他们又失去了旧日的君主，他们便既不会允许从他们自己中间推举一位君主，又不知道如何自由地生活。所以，他们拿起武器进行反抗来得很慢，而一位君主轻而易举就能够得到他们，而且可以牢固地维持对他们的统治。但是共和国就不同了，它有着更强大的生命力，更强烈的仇恨，更多的复仇欲望。他们对旧日之自由的回忆不会也不可能使他们平静下来，因此最稳妥的办法就是毁灭他们，或者驻守在那里。

1　佛罗伦萨于 1405 年得到了比萨，后来在 1494 年由于法兰西国王查理八世的入侵失去了它。

第六章

论君主通过自己的军队和能力而获得的新君主国

【提要】 本章以摩西、居鲁士、罗慕洛、提修斯和海洛等人为例，说明如何依靠自己的军队和能力获得新君主国。马基雅维利认为，上述这些君主除了有机会之外没有别的什么幸运的东西。在他们开始自己的事业的时候，他们的民族都正处在深深的苦难之中。这就是他们成功的机会。但机会仅仅为他们提供了材料，使他们能够为这材料加上他们所喜爱的形式。假如没有这种机会，他们精神上的能力就会没有用武之地。但假如没有那种能力，即使机会来了也会被白白浪费掉。他们以非凡的能力洞察了这些机会，并且历尽千难万险，依靠自己的力量强制推行新的典章制度。一旦他们克服了困难并且开始受到人们的尊敬，消灭了那些对他们的崇高地位心怀妒忌的人，他们就会持续地保持权势和荣誉，这样的人获得他们的君主国是困难的，但要保有它就容易了。由此而引出了马基雅维利的一句名言："最不依赖幸运的人最能保持他自己的地位。"

当我所论及的君主国在君主和政权两方面都是全新的时候，假如我为此而援引最重大的例证，任何人都不会感到惊异。既然人们通常总是走在由他人踏出的路上，而且在行动上亦总是以仿效他人的方式向前迈进，所以尽管他们或是不可能完完全全走在他人所走过的道路上，或是不可能具备那些他所仿效之人的能力，然而一个明智的人总是应该追随伟人所走过的道路，并且效法那些已经成为最卓越者的人们，因此即使他自己的能力达不到那样强大的程度，但是至少会带有几分那样的气派。他应当像那些聪明的箭手那样行事，当箭手们想要射击的目标看起来距离太远，而且知道自己的弓力所能及的限度，他们瞄准的方位就会比要射的目标高出许多，这并不是要把他们的箭射到那样高的地方去，而是希望通过这么高的瞄准能够射中他们想射的目标。

因此我认为，在那些有一位新君主的全新的君主国里，按照获得它们的君主的能力大小不同，君主在维持对它们的统治时所遇到的困难亦有大小的分别。由于从布衣而成为君主，是以能力或幸运为前提的，所以看起来，这两者之中的任何一个条件都会部分地减少很多困难。然而，最不依赖幸运的人最能保持他自己的地位。如果君主因为没有别的领土，而不得不御驾亲临生活在那里的话，那么维持他的统治就更容易了。但是，说到那些不是靠运气而是靠他们自己的能力成为君主的人，我认为最杰出者莫过于摩西、居鲁士、罗慕洛、提修斯以及像他们那样的人们。尽管摩西只是上帝托付给他的那些事务的执行者而已，我们似乎没有必要来讨论他，然而仅就他那使之有资格同上帝说话的美德而论，他的确应该受到人们的钦佩。不过当我们考察居鲁士和其他那些曾经获得或是创建了王国的人们的时候，你一定会发现他们全都是值得钦佩的；而且如果我们考察一下他们特有的行为和规则，那么这些行为和规则与摩西的就显得没什么不同了，虽然摩西有一位那么伟大的老师。当我们考察他们的活动和生活的时候，我们就会看到，他们除了有机会之外并没有别的什么幸运的东西，而机会给他们提供了材料，使他们能够为这材料加上他们所喜爱的任何形式。假如没有这种机会，那么他们精神上的能力就没有用武之地，假如没有那种能力，那么即使机会来了也会被白白地浪费掉。

因此对摩西来说，在埃及找到被埃及人奴役和压迫的以色列民族是十分必要的，只有那样他们才会为了摆脱被奴役的状态而心甘情愿地追随于他。而如果罗慕洛日后将成为罗马的国王和这个祖国的奠基者，那么他就只有不再留在阿尔巴，并且要在出生的时候就被遗弃才有可能。居鲁士则必须察觉到波斯人对米底人的帝国心怀不满，同时米底人又因为长期处于和平状态变得温顺柔弱。而提修斯若是没有遇到四分五裂的雅典人，他也不可能一展身手，发挥他的能力。因此，正是这样一些机会使得这样一些人成功了，而他们非凡的能力使他们能够洞察这种机会，于是他们的祖国由此而显赫并且非常的繁荣昌盛。

与那些依靠能力之道而成为君主的人一样，这样的人获得他们的君主国是困难的，但要保持它就容易了；他们在获取自己的君主国时之所以会遭遇到那么多的困难，其部分原因是，他们为了建立他们的国家，并且要确保它们的安全，而不得不倡导新的典章制度。所以应该记住的是，再没有什么比带头采取新的制度更困难了，再没有什么事情比这件事的成败更不确定、更没有把握了，再没有什么比这事施行起来更加危险的了。因为新制度的倡导者使所有那些旧制度的既得利益者都变成了他的敌人，而所有那些可以从新制度得到好处的人，则只是他的三心二意的支持者。后者之所以会这样三心二意，一方面是出于对他们对手的恐惧，因为那些对手同样有保护他们自己的法律，另一方面则是由于人类多疑的心理，除非他们对新事物有了确凿的经验，否则不会真的相信这些新事物。因此，一旦那些敌人有机会进攻，他们就会怀着党派的热情也跟着干起来，而其他的人只会三心二意地进行抵抗，所以君主同他们在一起是极其危险的。如果我们希望透彻地探讨这个问题，就必须考察那些改革家究竟是依靠他们自己还是他人，这就是说，为了实现他们的目的，他们究竟是必须乞求他人的帮助还是有能力使用强迫的手段。在第一种情况下，他们总是要失败的，而且永远也不会取得任何成就；然而，当他们依靠自己的力量并且有能力采取强迫的手段的时候，他们就很少会失败。由此而论，凡是有武装的改革先行者都是战无不胜的，而没有武装的改革先行者则都一败涂地了。因为除了我们已经说过的原因之外，还有一个原因，那就是人民的性情是易变的，而且说服他们使之相信某件事情很容易，但是要让他们坚持这种信念却很困难。所以事情必须按照这样的方式来进行：如果他们不再相信了，那么君主就要依靠武力来迫使他们相信。摩西、居鲁士、提修斯和罗慕洛当年若是没有武装力量的话，那就会像我们这个时代季罗拉莫·萨沃纳罗拉修道士所遭遇的那样，不可能使他们的人民长时间地遵从他们所制定的法律。一旦大众开始不相信萨沃纳罗拉所制定的新秩序，他也就随之而被毁灭了，他既没有办法让那些曾经相信这些新秩序的人坚定信念，也没有办法让那些不相信这些新秩序的人相信它们。[1]因此，像这样的人物在实现自己的事

---

1 萨沃纳罗拉（Savonarola，1452—1498），多明我修道会修道士，宗教改革家。1481 年来到佛罗伦萨传道，他成功地使自认为“既不粗鲁亦非无知”的佛罗伦萨人相信，“他可以同上帝谈话”。美第奇家族被赶出佛罗伦萨之后，他实际上控制了佛罗伦萨。后因被教皇亚历山大四世视为异端，于 1498 年被烧死在火刑柱上。（参见《论李维〈罗马史〉》第 1 章第 11 节，马基雅维利在那里提到了这个成就，但是没有像他在此所做的那样，论及萨沃纳罗拉被绑在火刑柱烧死的悲惨结局。）

业的时候就遇到了巨大的困难，在他们前进的道路上到处都是危险，而他们必须以自己的能力克服它们。然而一旦他们克服了困难并且开始受到人们的尊敬，消灭了那些对他们的崇高地位心怀妒忌的人，他们就会持续地保持权势、稳固、荣誉和繁荣了。

在这些重要的例证之外，我还想再增加一个小小的例子，不过它与它们有某些共同之处，而且我以为对于所有类似的事例只要提到它就足够了，这就是锡拉库萨的海洛。他从平民而成为锡拉库萨的国王，除了抓住机会之外并没有受到幸运之神的其他任何照顾。因为当时锡拉库萨人正处在被压迫的痛苦之中，于是他们就选择了他作为他们的军事首领，并且由于他证明了自己的才干，因而被推举为他们的国王。他甚至在身为平民的时候就具有如此强大的能力，以至于被描述他的人称赞为“他做国王，除了一个王国之外，无所不备，什么也不缺”。海洛解散了旧军队，组织了一支新军队；他放弃了旧友，另缔新交；当他有了自己的朋友和军队之后，他就可以在这样的基础之上建立起任何大厦。因此，虽然他在获取王国的道路上遇到了难以想象的艰难险阻，但是在保持王国的时候就没有什么困难了。

第七章

论依靠他人的军队和依靠幸运而取得的新君主国

【提要】 本章主要以马基雅维利心目中的一个失败了的英雄、教皇亚历山大六世的儿子切萨雷·博尔贾为例，说明如何依靠他人的军队和幸运取得和保有一个新君主国。博尔贾在教皇亚历山大六世的支持下，于1499年开始征服罗马尼阿，继而铲除和削弱罗马的奥尔西尼和科隆纳两大家族，争取罗马贵族，并由此操纵罗马教廷，同时进一步征服法恩扎、波洛格纳、乌尔比诺等地。在这整个过程中，他一方面充分施展阴谋诡计，靠欺诈、翻云覆雨、背信弃义、挑拨离间等手法扩展权势，另一方面充分认识到依靠他人和幸运的不可靠，因而发展自己的力量，并建立国民军取代雇佣军。马基雅维利详尽地描述了博尔贾发迹的这一过程，认为“事实上为了在这个依靠他人的武力和运气所取得的国家里站稳脚跟，他曾经采取了一切手段，而且作为一个精明强干的人所该做的事情他都做尽了，但是这一切都无济于事。……但这并不是他的错，而是命运之异乎寻常和极端的恶劣所造成的。”在马基雅维利看来，博尔贾所犯的唯一错误，恰恰是致命的：当他的父亲、教皇亚历山大六世去世时，罗马已在他的操纵之中，即使他无法推举一个令他称心如意的新教皇，但他也完全有能力阻止任何人当选。然而，他却赞同他曾经得罪过的圣·皮耶罗（即朱利奥二世）当选新教皇，最终导致了他的失败。马基雅维利的结论是：任何人要是相信对那些大人物只要给他们新的恩惠就可以使他们忘却旧日的伤害，他就是在欺骗自己。马基雅维利本来认为博尔贾是一个能够创建强大的统一的国家、拯救意大利的统治者，最后却陷入了失望。博尔贾是《君主论》中一再颂扬的新君主的典范。

那些完全靠幸运从平民跃升为君主的人，他们登上君主的宝座并没有什么麻烦，但是当他们维持自己的地位时，麻烦就大了。他们在通达王座的路上没有遇到什么困难，因为他们是飞黄腾达、一跃而崛起的，然而当他们就位之时，所有困难就找上门来了。这样的君主获得一个国家，或是依靠金钱，或是依靠他人的恩惠，在希腊就有很多这样的事例，在伊奥尼亚和赫莱斯蓬的许多城市里，他们被大流士立为君主，为的是他们可以为大流士的安全和荣誉而保有这些城市；[1] 还有那些依靠贿赂军队，由平民跃

1 这里所说的是大流士一世（公元前 521—前 486），而不是第四章所说的大流士三世。

登王位的皇帝亦复如是。[1]这些人所依靠的只是别人承认自己的善意和运气，而这两者都是变化无常和极不稳定的东西。他们不知道如何来保持自己的地位，也不可能保持住自己的地位。他们之所以不知道怎样保持自己的地位，是因为如果他们不是具备卓越才智和能力的人，那么这些通常过着平民生活的人竟会懂得如何发号施令，实在不合情理；他们之所以不可能保持住自己的地位，是因为他们没有对自己友好和忠诚的军队。而且，突然建立起来的国家，就好像自然中其他一切迅速产生、迅速生长的事物一样，不可能根深叶茂，初遇恶劣的天气就会毁了它们，除非如前所说，这些突然成为君主的人具备如此之强的能力，以至于他们直接就懂得如何作好准备去保持住幸运之神投入其怀中的东西，并且在成为国王之后奠定好基础，而这些基础对他人来说乃是在成为君主前就已经奠定好了的。

关于上述所说的，依靠能力或者依靠运气而成为君主的这两种方式，我想引证两个对我们来说仍然记忆犹新的事例：这就是弗朗切斯科·斯福尔扎和切萨雷·博尔贾。弗朗切斯科通过适当的手段和他自己卓越的能力由平民而

1　关于依靠军队而当选的罗马皇帝们，见第十九章。

成为米兰公爵，他取得这个地位时经历了千辛万苦，不过保持这个地位就没有什么麻烦了。另外，被老百姓称为瓦伦蒂诺公爵的切萨雷·博尔贾就不同了，他是依靠他父亲的好运而得到他的国家的，结果他亦由于同样原因失去了这个国家，尽管事实上，为了在这个依靠他人的武力和运气所得到的国家里站稳脚跟，他曾经采取了一切手段，而且作为一个精明强干的人应该做的所有事情他都做尽了，但是这一切都无济于事。因为如上所述，任何人如果开始时没有打好基础，事后当然也可以运用其卓越的能力来奠定基础，但是要想完成这项工作，对于建筑师来说是困难的，对于建筑物来说则是危险的。因此，如果我们看一看公爵成败的整个过程就会发现，他曾经为自己未来的权力奠定了巨大的基础，我以为讨论这件事并不是多余的；因为我不知道除了这位公爵的所作所为之外，对于一位新君主我还能提出什么更好的教训，而且公爵的措施虽然对他来说是无济于事的，但这并不是他的错，而是命运之异乎寻常和极端的恶劣所造成的。

当教皇亚历山大六世决定提高他的儿子瓦伦蒂诺公爵的权力地位之时，他面临的是来自眼前和将来两个方面的重重困难。他看不出有什么办法能够使他的儿子成为任何一个不属教会管辖的国家的君主，而且他知道，如果他决定拿走属于教会管辖的国家，米兰公爵和威尼斯人是不会答应的，因为法恩扎和里米尼长期以来就已经在威尼斯人的保护之下了。除此之外，他知道意大利的军队，特别是可供他利用的所有军队，都掌握在那些惧怕教皇势力扩大的人的手中，他们是奥尔西尼和科隆纳家族及其追随者，[1]因此他不可能信赖他们。所以为了使他自己成为这些国家中的一部分的主宰，打乱这些秩序，使他们的国家陷入混乱，乃是极其必要的。对他来说这是再容易不过的事了。因为他知道威尼斯人为其他一些原因所驱使，正忙于将法国人召回意大利，对此他不但不反对，还通过解除法国国王路易以前的婚姻关系使之变得更容易了。于是法国国王路易在威尼斯人的帮助和亚历山大教皇的同意下进入意大利，而路易一到米兰，教皇就向他借兵去征服罗马尼阿，而罗马尼阿慑于法国国王的威名只好向教皇屈服了。因此，当瓦伦蒂诺公爵取得了罗马尼阿并且打败了科隆纳家族之后，他要保持获得的地区并且继续前进，就遇到了双重的

1　奥尔西尼和科隆纳家族是罗马两个首要的高贵的家族，长期以来为了控制罗马和教皇的职位而争斗不已。

障碍：一重障碍是他的军队看起来对他并不忠诚；另一重障碍是法国的意愿，即是说，他所借用的奥尔西尼家族的军队可能不再受他的控制，而且这支军队不但有可能阻碍他进一步征服其他地区，而且很可能夺走他已经赢得的一切；不仅如此，法国国王亦有可能以同样的方式对待他。当他占领了法恩扎后进攻波洛格纳之时，发现奥尔西尼家族对这次进攻十分冷淡，由此他便检验出了他们对他的态度；至于法国国王，当公爵夺得了乌尔比诺公国之后进攻托斯卡纳的时候，国王阻止他进行这次战役，他也就看透了国王的心思。因此，公爵决定不再依靠他人提供的武力和运气。他要做的第一件事就是削弱奥尔西尼家族和科隆纳家族在罗马的党羽。为此他笼络追随这两个家族的所有贵族，采取的办法就是使他们成为他的贵族并且给他们重重的赏赐。他还按照他们的等级，以文臣武尉的权力地位作为给予他们的嘉奖，结果不出几个月的时间，在他们的心目中对于原有党派的感情就烟消云散了，所有的感情都转向了公爵。在此之后，当他瓦解了科隆纳家族的党羽时，公爵便等待着毁灭奥尔西尼家族的时机。不久他真的等来了一个好机会，他很好地利用了这个机会。因为奥尔西尼家族终于觉察到——当然为时已晚——公爵与教廷势力的壮大对他们来说就意味着灭亡，因此便在佩鲁贾附近的马焦内召开了一次会议。此后乌尔比诺的叛乱和罗马尼阿的骚动就爆发了，然而在法国的帮助下，公爵所面临的无穷无尽的危险全都被他克服了。当他的威望得以恢复后，公爵既不信赖法国也不信赖其他外部势力了，为了不使他们明白这一点，他转而采取了欺骗的手段。他深知应该怎样来掩饰自己希图让奥尔西尼家族通过西格诺·保罗而与他修好的意图。公爵全面履行了他向西格诺·保罗承诺的各项义务，他给他金钱、服饰和骏马，结果在西尼加尼亚，他们的天真单纯使他们落入公爵的掌握之中。因此，当这些家族的头目们被消灭了，他们的党羽们变成了公爵的朋友之后，由于他拥有了连同乌尔比诺在内的整个罗马尼阿，这就为他的权力奠定了非常坚固的基础。尤其是公爵认为他已经得到了罗马尼阿的友谊，而且赢得了所有这些地区的人民的支持，因为他们已经开始尝到了幸福生活的甜头。

由于这一点值得人们注意，并且值得其他人效法，因此我还不想丢开这个话题。当公爵占领了罗马尼阿时，他立刻就发现罗马尼阿过去是被一些软弱无能的首领统治的，这些人与其说是在统治，不如说是在掠夺他们的臣民，给他们制造麻烦使之分崩离析而不是团结统一。所以这个地区到处是盗贼横行、明争暗斗和各式各样的蛮横霸道。公爵认识到，如果他要使之恢复和平并且使之服从王权，那就必须为它建立一个行之有效的政府。于是他在那里选拔了一个冷酷而机敏的人梅塞尔·雷米诺·德·奥尔科，并授以全权。在很短的时间内，雷米诺就以极大的声望使这个地区恢复了和平和统一。此后，公爵因为惧怕引起这个地区的仇恨，认定如此过分的权力是没有必要的；于是他在这个地区的中心安置了一个人民法庭，由最优秀的大臣主持，在那里每个城市都设有他们自己的辩护人。因为他知道，过去的严刑重典已经引起人们对雷米诺的某些仇恨，为了清除人民心中的壁垒，把他们完全争取过来，他力图表明，如果过去曾经发生了任何残酷的事件，那不是因为他，而是由他的大臣的苛刻的禀性所造成的。他抓住这个时机，在一个早晨于切塞纳的广场将雷米诺斩为两截，在他的尸首旁边放着一块木头和一把血淋淋的刀子。这个场面之残酷，使人民在心满意足的同时亦感到胆战心惊。

然而还是让我们回到刚才的话题吧。我说过，当公爵觉得他自己非常强大了，而且有几分把握来防止当前的危险了——因为他已经按照适合他自己的方式武装起来，也已经把那些近得足够有可能进攻他的武装大部分消灭掉了——如果他想要继续进行征服的话，对他来说剩下来需要考虑的就是法国国王的问题。因为他知道，法国国王事后已经觉察到了自己所犯的错误，因而他的征服计划是不会得到国王的支持了。于是公爵开始寻求新的盟友，当法国针对正在围攻加埃塔的西班牙人而进军那不勒斯王国之时，他在是否参加法国人的远征这件事上举棋不定。他的意图是针对他们保护自己的安全。就此而论，如果亚历山大教皇在世的话，他原本可以立刻就获得成功的。

以上就是公爵面对当前的事件所采取的那些措施。但是对于将来的事，他就不得不恐惧万分了。第一件事就是，教廷的新继承人有可能对他不友好，而且有可能谋求夺回亚历山大教皇所给予的东西。他认为，面对这个危险，保护自己的安全，他可以采取四项措施：第一，灭绝所有被他所废黜的统治者的家族，使教皇无机可乘；第二，如前所述，把罗马的所有贵族都争取到自己这边来，以便依靠他们牵制教皇；第三，尽可能地使枢机主教团与他保持一致；第四，趁着教皇未死的时候得到更大的帝国，以便有可能依靠自己的力量抵御住最初的攻击。在亚历山大教皇去世之时，他完成了这四件事中的三件事，第四件事也差不多完成了。因为被他所废黜的那些统治者，他能杀多少就杀了多少，只有极少数的人幸免于难；罗马的贵族也已经被他争取过来了；在枢机主教团里，绝大多数人是他的同党；至于新的征服，他早就计划好了去成为托斯卡纳的主人，他已经占领了佩鲁贾和皮奥姆比诺，并且已经将比萨置于他的保护之下。而且，只要他用不着必须顾忌法国了（他的确再也用不着顾忌法国了，因为法国人已经被西班牙人赶出了那不勒斯王国，这就使得他们中的任何一方都迫不得已必须向他买好），他就会立刻猛扑比萨。在此之后，卢卡和锡耶纳一方面出于对佛罗伦萨人的妒忌，另一方面出于恐惧，都会马上向他投降；而佛罗伦萨人对此是无计可施的。如果他的计划实现了（他是在亚历山大教皇去世的同一年获得成功的），他就会取得如此强大的权力和声望，他可以自立，从而不再依靠某人的武力和幸运，而是依靠他自己的力量和能力。然而，在他开始拔剑出鞘之后的第五年，亚历山大教皇就去世了。在两支强大的敌军之间，他留给公爵的东西中只有罗马尼阿是坚固的，其他一切都在缥缈之中，而且公爵自己业已病入膏肓。但是公爵既凶猛又有能力，并且他深知怎样做就一定能把人们争取过来，或者怎样做就会失去人心，而且他在极其短暂的时间内所奠定的基础是那样的牢固，假如在他的背后没有那些敌军，抑或他身体健康的话，那么他是有能力克服一切困难的。而且我们从罗马尼阿人等候他等了一个多月这件事可以看出，他的基础是十分牢固的；在罗马，虽然他处在生死之间，但是他的地位仍然稳固；尽管巴利奥尼人、维泰利人和奥尔西尼人进入了罗马，却没有任何人追随他们反对公爵；即使他没能使他所希望成为教皇的人成为教皇，但他至少能够阻止他不喜欢的人成为教皇。然而，假如亚历山大教皇去世之时公爵的身体是健康的，那么一切事情对他来说都会易如反掌。朱利奥二世当选为教皇的那一天，公爵告诉我，他已经预感到他的父亲去世时可能发生的一切事情，而且已经找到了应付这一切的补救办法。只是他没有料到他父亲去世时，他自己也濒临死亡了。

因此，倘若让我来检讨公爵所采取的一切行动的话，我真不知道他有什么可非难之处；正好相反，在我看来，他的事迹应当像我所做的那样把它摆出来，让所有那些由于幸运或是依靠他人的军队而取得统治权的人们去效法。因为他具有伟大的精神和崇高的目标，所以他除此之外不可能采取别样的行动，只是亚历山大教皇的短命和他自己患病这样的事出乎意料罢了。因此，如果有人认为，为了在敌人面前确保他的新君主国的安全，有必要为自己争取朋友，依靠武力或是欺诈而制胜，使人民对自己既爱戴又畏惧，使士兵们既服从又崇敬自己，消灭那些能够或是有可能伤害自己的人们，以新的方式改革旧的制度，既严厉又亲切，大度而且慷慨，摧毁不忠诚的军队而创建一支新的军队，与各国的国王和君主们保持友好，使他们必须喜欢帮助你，或者即使想伤害你亦会犹豫不决——如果有人认为这一切都是必要的，那么他不可能找到比公爵这个人的行动更鲜明的范例了。人们唯一可以责备公爵的只有推举朱利奥成为教皇这件事，在这件事上他做出了一项糟糕透顶的选择。因为如前所述，即使他无法推举一个令他自己称心如意的教皇，他也完全有能力阻止任何人当选教皇。而且他也绝不应该同意那些他曾经得罪过的枢机主教，或是一成为教皇就会害怕他的枢机主教成为教皇。因为人们无论是出于恐惧还是出于仇恨都会伤害于他。在公爵曾经得罪过的人当中，有圣·皮耶罗·阿德·温库拉、科隆纳、圣·乔治和阿斯卡尼奥等人，在这些人当中，除了卢安和西班牙人之外，其他人只要当上教皇就一定会害怕公爵，至于卢安和西班牙人，后者是因为与公爵有同盟关系对他负有义务，前者则是因为同法兰西王国的关系而享有权力，所以例外。[1] 因此，公爵首先应该做的事就是推选一个西班牙人当教皇，如果这一点他做不到，他就应当赞同卢安，而不是圣·皮耶罗·阿德·温库拉[2] 来当教皇。任何人要是相信对那些大人物只要给他们新的恩惠就可以使他们忘却旧日的伤害，他就是在欺骗自己。因此，公爵在这次教皇选举中犯了错误，这就是他最终灭亡的原因。

---

1 枢机主教乔治·达姆包意瑟（Georges d'Amboise），卢安的主教；参见第三章。

2 当选后称朱利奥二世。

第八章

论那些通过犯罪的方式攫取君主国的人

【提要】 本章通过古今两个范例，说明如何通过犯罪的方式夺取一个君主国。古代的阿加托克雷施展阴谋诡计，谋杀了锡拉库萨元老院的所有元老和最富有的人们，从而成为锡拉库萨的君主。而马基雅维利时代的奥利韦罗托同样施展阴谋诡计，谋杀了费尔莫城的头面人物，其中包括抚养他成人的舅父乔万尼，从而成为费尔莫的君主。马基雅维利认为，他们之所以在进行了如此的阴谋和屠杀之后，仍然能够长时间地在他们的祖国安全地活着，能够保卫自己不受外敌的侵犯，而且他们本国的公民也从来没有阴谋反对他们，乃是因为他们巧妙地使用了残暴手段。他们在夺取一个国家的时候，审度了所有一切对他们来说有必要去犯的罪行，并且毕其功于一役。由于没有重复这些罪行，他们就能够使人们感到安全，并且通过施以恩惠把人们争取过来。

然而，由于一个人从平民成为君主还有另外两种方法，而这两种方法都不能完全归于幸运或是能力，所以我认为对它们不应该不加考虑，尽管这其中的一种方法在讨论共和国的地方还可以详述。[1] 这两种方法是，一个人通过某种邪恶和非法的方式登上君主国的统治地位，或是一个普通公民依靠同伴们的支持而成为他的祖国的君主。说到这第一种方式，它将由两个范例得到说明，其中一个是古代的，另一个是现代的，我认为用不着深入探讨这种方法的功过了，因为对于那些认为有必要效法它们的人来说，这两个

1　参见《论李维〈罗马史〉》；注意，马基雅维利在“讨论共和国的地方”并没有就这两种方法中的一种方法作更详尽的论述。

范例就已经足够了。

西西里人阿加托克雷[1]不仅是从平民的地位，而且是从卑微下贱的地位一变而成为锡拉库萨的国王的。他出身于一个陶工的家庭，在他生平经历的每个时期里他都过着一种罪恶的生活。然而，他的恶行在身心两方面都具有如此巨大的力量，因此当他投身军界的时候便级级升迁，当上了锡拉库萨的地方长官。在得到了这个职位之后，他就决心做国王，并且以强暴的方式来保持这个地位，对任何曾经以赞同的方式对他让步的人都不承担义务。他让正带着军队征战西西里的伽太基人阿米尔卡了解了他的计划，然后在一个早晨召集锡拉库萨的人民和元老院开会，就好像他要决定有关共和国的什么事情。等他发出了一个约定好的信号之后，他就让士兵们把元老院的所有元老和最富有的人统统杀掉了。由于这些人都死了，他没有遇到市民的任何反抗就占据并且保有着这个城市的统治地位。虽然他两次败于伽太基人之手，而且最后被围而攻之，可他不仅能够保卫他的城市，而且除了留下一部分人马对付

1　阿加托克雷（Agathocles）生活在公元前 361 年至前 289 年，他的专制暴政始于公元前 316 年。

攻城之围，还率领其余的兵力进攻非洲。结果不久他就解了锡拉库萨之围，并且使伽太基人陷入了极端的困境中，这就迫使他们不得不与他讲和。伽太基人满足于占有非洲，而把西西里让给了阿加托克雷。因此，无论谁来考察这个人的活动和能力都会发现，他没有或者极少有可以归功于幸运的东西。因为如前所述，他登上统治地位并不是依赖他人的支持，而是经过数不清的艰难险阻，在军队中逐级提升得来的，至于后来他继续保持着这个地位，靠的则是许许多多勇敢的和冒险的策略。当然，我们不能把屠杀自己的市民、背弃自己的朋友、没有信誉、没有恻隐之心、没有宗教信仰等称为能力。这些方法可以使一个人得到帝国，但不可能为他赢得荣誉。不过，如果我们考虑到阿加托克雷进出危难困境的能力，以及忍受与克服逆境的大勇，就不会认为他比任何一个最卓越的将领逊色。然而，他的野蛮残忍和无人性，以及数不胜数的罪行，都不允许他跻身于那些最卓越的人物之列。因此，我们就不能把他不是依靠运气或能力而取得的成就归功于运气或能力。

在我们的时代里，当亚历山大六世在位期间，奥利韦罗托·达·费尔莫[1]幼年丧父，后来被他的名叫乔万尼·福利亚尼的舅父抚养，刚刚成年就被送到保罗·维泰利[2]手下当兵，以便能够经过这种训练在军界取得显赫的地位。保罗死后，他在保罗的兄弟维泰洛佐手下从军，由于他身强胆壮、机智勇猛，所以在很短的时间内就成了维泰洛佐军队中的第一号人物。然而在他看来，处在为他人服务的职位上就如同奴隶一样，所以他想在费尔莫某些市民的帮助下（这些人认为奴役比他们祖国的自由更值钱），以及在维泰洛佐的帮助下，去占领费尔莫，于是他写信给乔万尼·福利亚尼说，因为离开家乡已经有几年了，所以希望回去看望他和他的城市，顺便看看自己的祖产，由于他除了获得荣誉之外再没有什么可关心的了，因此为了让他的市民知道他并没有虚度光阴，他希望由他的朋友和侍从组成一百名骑兵伴随着他荣归故里。他请求乔万尼做出安排，使他受到费尔莫市民的荣誉接待，这不仅仅是他的荣誉，

1　奥利韦罗托·欧弗雷杜奇·达·费尔莫（Oliverotto Euffreducci da Fermo），1501 年 12 月 26 日取得了费尔莫的权力，一年以后因切萨雷·博尔贾的命令被杀于西尼加利亚。

2　一个著名的雇佣兵队长，受雇于佛罗伦萨人，后因被怀疑叛变在 1499 年为佛罗伦萨人所杀。

也是乔万尼自己的荣誉，因为奥利韦罗托是他监护的孩子。结果乔万尼对他的外甥分毫不差地尽到了责任，当奥利韦罗托受到费尔莫市民的荣誉接待之后，他住进了乔万尼的家。几天过去了，等到他为自己将来的罪恶阴谋做好了秘密的安排之后，奥利韦罗托举行了一个盛大的宴会，邀请乔万尼·福利亚尼和费尔莫的头面人物出席。当美酒佳肴和这类宴会所惯常的所有其他的娱乐统统欣赏过后，奥利韦罗托巧妙地开始了某种重要的议论，论说亚历山大教皇和他的儿子切萨雷·博尔贾，以及他们事业的崇高伟大。当乔万尼和其他人对这些议论做出反应时，奥利韦罗托突然站了起来说，这些事情应当在一个比较秘密的地方进行讨论，于是他退席去了另一个房间，乔万尼和所有其他的市民跟在他后面进去了。然而他们刚要坐下，士兵们就从隐藏的地方冲了出来，把乔万尼和其他所有的人都杀死了。在这次屠杀之后，奥利韦罗托就跨上马背，在这座城市里往来奔走，并且把宫廷中的最高行政长官围困起来，以便恐吓他们，迫使他们服从他的命令，并且建立了一个以他为君主的政府。当他把所有那些因为对他心怀不满所以有可能伤害他的人们统统杀死之后，他就用新的民政和军政典章制度来巩固自己的地位，结果在保有这个王国的一年中，他的地位不仅在费尔莫这个城市之中是安全稳固的，而且使得周围所有的邻国都惧怕他。假如切萨雷·博尔贾在西尼加利亚进攻奥尔西尼和维泰利时，奥利韦罗托自己没有被博尔贾所骗的话，那么推翻他就会像推翻阿加托克雷一样困难了。结果，在奥利韦罗托犯下弑亲之罪一年之后，他也受到了进攻，并且与在能力和邪恶方面都曾经是他的导师的维泰洛佐一起被处以了绞刑。

有些人可能会感到疑惑不解，为什么阿加托克雷和所有那些与之类似的人，在无穷无尽地背叛和残酷无情之后，仍然能够长时间地在他们的祖国安全地活着，能够保卫自己不受外敌的侵犯，而且他们本国的公民也从来没有阴谋反对他们，因为同样采取残暴手段的许多其他的人，即使在和平时期也不能保持住他们的国家，更不用说难以预料的战争时期了。我认为，这是由于或拙劣或巧妙地使用残暴手段的不同结果。巧妙使用的残暴手段（如果可以把坏事称为好事的话）是为了自己安全而一次性施行的残暴，除非它能转而为臣民谋得非常的利益，否则此后决不再使用。那些拙劣使用的残暴手段指的是，虽然刚开始时用得很少，但是随着时间的推移越来越多，而不是越来越少。采取第一种方式的人，像阿加托克雷那样，在神和人们的帮助下可以对他们的地位有所补益；而采取另一种方式的人要想自保都是不可能的。

因此，应该引起我们注意的是，在夺取一个国家的时候，占领者应该审度所有一切对他来说有必要去犯的罪行，而且要毕其功于一役，以免自己不得不每日每时重复这些罪行。由于没有重复这些罪行，他就能够使人们感到安全，并且通过施以恩惠的办法把他们争取过来。反之，任何由于胆怯或是听从坏的建议而不这样做的人，他的手中就必须时时刻刻紧握着屠刀。他永远也不可能依靠他的臣民，由于新的和不断持续的伤害，他的臣民们在他面前也不可能感到安全。因此伤害必须一下子完成，这样一来，臣民们受到的损伤少，他们的怨恨也就少；而恩惠则应该一点儿一点儿地施与，以便他们可以更好地品尝恩惠的甜头。最重要的是，一位君主应当和他的臣民生活在一起，以免任何意外事件（无论是好的或是坏的）迫使他改变政策。因为当你必须改变政策的时候也总是对你不利的时候，那时你想采取残酷的手段已经来不及了，而且你去做好事也帮不了你自己，因为人们认为你是被迫这样做的，他们不会为此对你有任何感恩戴德的谢意。

第九章

论市民的君主国

【提要】本章分析的是市民的君主国，即一个普通的市民，由于市民伙伴们的帮助而成了祖国的君主。在此，他或者依靠贵族，或者依靠人民。一个依靠贵族的帮助而得到君主权的人，比一个依靠人民的帮助而得到君主权的人更难以维持自己的地位。因为贵族自以为是与君主平等的，而且君主无法以公正而不损害其他人的方式来满足贵族们的欲望，而人民的目的比贵族的目的更公正。贵族希望进行压迫，而人民则不希望受压迫。此外，如果人民充满敌意，君主依然必须与他们生活在一起，面对充满敌意的人民，君主是永远得不到安宁的；但如果贵族充满敌意，君主完全可以没有他们而生活得很好。因此，对君主来说，与人民保持友好是必要的；否则的话，当他身处逆境之时就无可救药了。

然而我们现在要说的是另一种政体，亦即一个普通的市民，既不依靠罪恶，也不依靠其他令人无法容忍的暴行，而是由于他的市民伙伴们的帮助成了他祖国的君主那种政体（人们可以称这样的君主国为市民的君主国；要登上这个地位，一切能力或是运气都不是必需的，需要的只是一种幸运的精明）——我认为一个人登上这个王位若不是因为人民的帮助，就是由于贵族的帮助。因为在每一个城市里都可以发现两种对立的性情，它们产生的原因是：人民既不愿意被贵族所统治，也不愿意受贵族的压迫，而贵族则希望统治和压迫人民。由于这两种正好相反的欲望，于是在城市里就产生了下述三个结果中的一个：君主权、自主权或无政府状态。

君主权或是由人民产生的，或是由贵族产生的，究竟由谁产生，那要看双方中的哪一方有机会。当贵族发现他们无法抵抗人民的时候，他们就开始抬高他们之中的某一个人的声望，并且使他成为君主，以便能够在他的荫蔽下满足他们的欲望。同样，当人民发现他们无法抵抗贵族的时候，他们也抬高他们之中某一个人的声望，并且使他成为君主，为的是依靠他的权力来保卫自己。一个依靠贵族的帮助而得到君主权的人，比一个依靠人民而成为君主的人更难维持自己的地位，因为前者发现自己周围有许多似乎与他处于平等地位的人，因此他不能按照自己的意愿指挥和管理他们。然而，如果一个人是由于民众的帮助得到君主权，那么他就会发现他自己是独立的，在他的周围没有任何人不准备听从他的命令，即使有不服从的人，也只是极少数。除此之外，一位君主无法以公正而不损害其他人的方式来满足贵族们的欲望，但是他可以这样来满足人民的要求，因为人民的目的比贵族的目的更公正。贵族希望进行压迫，而人民则不希望受压迫。另外，面对充满敌意的人民，君主永远得不到安宁，因为他们的人数太多了；然而面对贵族，君主却可以使自己安全，因为他们毕竟是极少的一部分人。君主所能预料到的、来自敌视他的人民的最坏的事情，就是被他们抛弃；但是如果贵族们对他充满敌意，那么君主对他们感到恐惧的就不仅是被抛弃，而且是他们有可能起来反对他，因为贵族们比人民更敏锐也更精明，他们总能够及时行动救助自己，而且从他们期望将赢得胜利的人们当中寻求帮助。此外，君主通常必须与充满敌意的人民生活在一起，但是他完全可以没有敌对的贵族而生活得很好，因为他能够随时设立或者废黜贵族，并且随心所欲地毁掉或者树立他们的名声。

为了更清楚地说明这个问题，我认为对于贵族应该主要从两种方式上进行考察。他们要么约束自己的行动，使自己完全依靠你的运气，要么不是这样。对于那些约束自己的行动而不是贪得无厌的人，你一定要给予荣耀和慈爱，至于那些不这样约束自己的人则必须通过两种方式来加以检验。他们这样做或是出于胆怯，或是由于天生就缺乏勇气，所以你必须利用他们，特别是利用那些能够给你提出好的意见的人，因为当你兴盛的时候他们会崇敬你，而当你身处逆境之时你也用不着惧怕他们。但是，如果他们很有技巧，并且为了实现某种野心而不承担对你的责任，这是一个征兆，表明他们更多地是为自己而不是替你着想，你要防范他们，把他们当作公开的敌人来对待，因为当你身处逆境之时，他们往往是毁灭你的帮凶。

因此，一个依靠人民的帮助而成为君主的人应当使人民与他保持友好关系，对他来说这应该轻而易举，因为他们只是要求不受压迫而已。但是一个与人民的意愿对立而依靠贵族的帮助成为君主的人，首先必须做的事就是设法把人民争取过来，如果他把他们置于自己的保护之下，那么对他来说做到这一点应该并不困难。因为人们原来以为会受到他的恶劣待遇，然而现在却从他那里得到了好处，所以他们更加服从自己的恩人，人民立刻就会对他充满了好感，胜过那些即使是在他们的帮助下登上王位的人。君主赢得人民对他的好感可以有很多办法，由于这些办法根据不同的情况而各不相同，因而不可能制定出确定不变的规则，所以我们也就弃而不论了。我只想断言，对君主来说，与人民保持友好是必要的，否则的话，当他身处逆境之时就无可救药了。

斯巴达国王纳比斯[1]，顶住了全希腊以及罗马的一支常

1　在《论李维〈罗马史〉》第一章第十、四十节中，马基雅维利把纳比斯看作专制暴君，然而在第三章第六节中他又讲述了尽管纳比斯得到人民的支持，但还是被暗杀了的原因。纳比斯统治斯巴达的时间是公元前 205 年至前 192 年。

胜军的围攻，保卫了他的祖国和他的地位不受他们的侵犯，当危险降临之时，对他来说使自己不为极少数人所伤害就足够了，但是倘若那时他与人民相敌对的话，那就不够了。就此而论，切不要用那句“以人民为基础，无异于筑室于泥沙”的陈腐的谚语来反对我的见解。如果一个平民百姓把他的基础建立在人民之上，并且让自己相信，当他受到敌人或是官吏的压迫的时候，人民将会解救他，那么这句谚语的确是对的（如果那样的话，他往往会像罗马的格拉古[1]和佛罗伦萨的梅塞尔・乔治・斯卡利[2]一样，上当受骗）。然而，如果把自己的基础建立在人民之上的是一位君主，他知道怎样来指挥他们，而且这位君主是一个勇敢的人，身处逆境而不怯懦，从不忽视其他的准备，并且以他的勇气和策略激励一般民众，那么他永远也不会发现自己被人民所欺骗，他将看到的是他已经奠定了坚实的基础。

当这类市民君主国即将从平民政制转向专制政制的时

1 格拉古兄弟蒂贝里奥・塞姆普隆努（Tiberius Sempronius）和卡伊奥・塞姆普隆努（Gaius Sempronius）是罗马平民的保民官，蒂贝里奥于公元前 133 年，卡伊奥于公元前 121 年，被他们在罗马元老院中的敌人杀害；见《论李维〈罗马史〉》第一章第三十七节。

2 佛罗伦萨奇奥姆皮叛乱（1378 年）的首领，此后统治了三年，后来被斩首示众；见马基雅维利的《佛罗伦萨史》第三章第十八、二十节。

候，它们往往会陷入危险之中。因为市民君主国的君主们若不是自己发号施令就是通过官吏们发号施令。在后一种情况下，由于君主们完全依赖于那些被提拔到官位之上的市民们的意志，而他们，尤其是在危难时期，很容易以敌对的态度或是拒不服从君主的方式篡位夺权，因此比较起来君主们的地位更加软弱并且更加危险。而且当君主处于危难时，他是来不及行使绝对的权威的，因为市民和臣民们已经习惯于接受官吏们的命令了，所以在紧急情况下他们不会服从君主的命令。而在动荡不安时，君主亦往往缺乏自己可以信赖的人。这一类君主不可以把他在太平时期所看到的情况作为他的根据，由于在太平时期市民们都需要国家，因此每个人都为之奔忙，每个人都信誓旦旦，而且当死亡尚远之时，每个人都准备为他而死。然而在危难时期，当国家需要市民的时候，能够找到的人就寥寥无几了。这样的考验实在是太危险了，它只能试一次就再也不能试了。所以一位英明的君主必须想出一种方法，使他的市民们通常并且在任何时候都需要国家，都需要他自己，到那时他们就会永远忠实于他了。

第十章

应当以什么方式来衡量一切君主国的力量

【提要】 本章主要指出，那些没有充足的人力和物力与来犯之敌决战于沙场、只能被迫躲在城墙背后进行防御的君主，一定要为自己的城市巩固防御工事，备足充裕的粮草，处理好对他的臣民的其他管理事务，不用去考虑乡村。这样，一位拥有坚固的城市并且没有积怨结恨于民的君主，是不会受到攻击的。倘若真的有人想进攻他，一定会自取其辱，被迫撤退。

在研究这些君主国的性质时，它们还必须经受另一种考察，这就是，当一位君主必须独立地统治国家时，他究竟是能够充分独立地统治一个国家，抑或总是需要处于他人的保护之下。为了更清楚地说明这个问题，我要说的是，那些由于人口众多或是财源丰富因而可以召集一支人员或粮草充足的军队，与任何来犯之敌决战于沙场的君主，我认为就是能够独立统治国家的人；而且我还认为，那些不能与敌人决战于沙场，而只是被迫躲在城墙后面进行防御的人，往往需要他人的援助。关于第一种情况我们已经讨论过了，以后有机会我们还将谈一谈达到这种程度需要些什么。至于第二种情况，我们只能告诫这一类君主要为他们的城市巩固防御工事，备足充裕的粮草，不用去考虑乡村的事情。如果谁已经为他的城市筑好了防御工事，而且按照我们前面所说过的和后面还将讨论的方式，处理好对他的臣民的其他管理事务，那么要是有人想进攻他，总会陷入非常的踌躇不决之中。因为人们对于要进行的事业可以预见到许多困难，从来是深恶痛绝的，而且他们可以预见，攻击一位拥有防御完善的城市和不为人民所怨恨的君主，并不是一件容易的事。

德国的各个城市都非常自主，它们只有极少的乡村，什么时候想服从皇帝就服从皇帝。它们既不害怕皇帝，也不害怕周围任何其他的势力，因为它们拥有坚固的城防工事，以致每个人都知道要想攻占它们一定会非常艰苦，困难重重。因为所有这些城市都筑有适当的壕沟和城墙，还有足够的火炮；通常它们在公共仓库里都储备了足够一年之用的粮草和燃料。除此之外，为了在不使国家受到损失的情况下保证老百姓的温饱，它们总是有办法在一年之中安排老百姓在事关城市命脉的职业中和供给衣食的行业中工作，以保持充足的公共给养。另外，它们还以实行军事训练著称于世，而且为保持这些军事训练而制定了许多制度。

因此，一位拥有坚固的城市，并且没有积怨结恨于民的君主，是不会受到攻击的。倘若真的有人想进攻他，一定会自取其辱，被迫撤退，因为人世间的事情是如此的变幻不定，对一个人来说要让他的军队什么事都不做，专事围城整整一年，那几乎是不可能的。或许有人会说：如果人民在城外有他们的产业，现在看着它们在燃烧，对此他们将无法忍耐，而且长期的围困和他们的爱己之心将使他们忘掉他们的君主。我的回答是，一个强大勇敢的君主在这种情况下，一方面要让他的臣民们看到希望，相信灾难是不会长久的，另一方面要让他们对敌人的残暴感到恐惧，同时又巧妙地防备那些在他看来过于莽撞的人们，由此他完全可以克服所有这些困难。另外，当敌人到来之际，人们的士气依然旺盛，并且决心进行抵抗的时候，敌人当然要焚烧和破坏城市周围的乡村，所以君主就更不应该犹豫不决，因为几天过后，当人们的士气已经消沉，损失业已造成，灾难终于临头，那就无从挽救了。由于在君主进行抵抗的时候，人民的房屋被烧掉了，他们的产业被毁灭了，显然他对人民负有责任，因而此时此刻人民就会与他们的君主更加紧密地团结在一起。施与恩惠正如接受恩惠一样都会产生责任感，这乃是人类的本性。因此，对于一位英明的君主来说，如果他周密地考虑了所有这些情况，只要不缺少生活和抵抗所必需的财物，那么他在敌人的围困下自始至终使他的市民意志坚定就不应该有什么困难。

第十一章

论教会的君主国

【提要】 本章讨论了教会的君主国。马基雅维利认为，教会的君主国所有的困难都在于夺取它们之前，因为夺取这类国家靠的是能力或者幸运，而保持它们依靠的却是宗教之古老传统所形成的典章制度。这些典章制度非常强大，无论君主们怎样行事和生活，它们都能使他们当权。教会君主国在意大利的发展史说明了这一点。至此，马基雅维利关于各种君主国的分析已经完成。

现在只剩下教会的君主国有待讨论了。就这类国家而言，它们的所有困难都源自夺取它们之前，因为获得这类国家或是依靠能力，或是依靠幸运，然而保持它们却既不是依靠能力，也不是依靠幸运，而是依靠宗教之古老传统所形成的典章制度，这种典章制度非常的强大，而且具有这样一种特性：不论君主们怎样行事和生活，它们都让它们的君主当权。这些君主拥有国家而不加以防卫；他们拥有臣民而不加以治理。然而这些国家虽然没有管理却并不介意，而且它们既不会想到，也不可能背弃这样的君主。因此，只有这样的君主国是安全稳定和繁荣昌盛的。但是，由于这类国家是凭借那些人类心智所无法企及的超然的原因而存在的，对此我就略而不谈了。因为这类国家是由上帝所树立和维持的，对它们说三道四乃是一个傲慢放肆、不知深浅的人才会去做的蠢事。然而，假如有人问我，教会在世俗事务之中取得如此强大的权力究竟是什么原因？因为虽然在亚历山大教皇以前，意大利的主权者，不仅是那些被称为主权者的人，而且每一个男爵和领主，甚至是最小的男爵和领主，在世俗事务中都很少尊重教会的权力，但是现在法国的一位国王对它却怕得发抖，而教会的确有能力把法国国王赶出意大利并且使威尼斯人遭到毁灭，尽管这是众所周知的，不过在我看来重新唤起有关方面的记忆并不多余。

在法国国王查理进入意大利以前，[1] 这个地区处在教皇、威尼斯人、那不勒斯国王、米兰公爵和佛罗伦萨人的统治之下。这些主权者们都必须忧虑的主要有两件事情：其一是不能让某个外国人武装侵入意大利；其二是不允许他们中的任何人扩张自己的领土。对此忧心忡忡的人们最关注的是教皇和威尼斯人。为了抑制威尼斯人，所有其他各国——正如在保卫费拉拉时所做的那样——必须组成联盟；而为了遏制教皇，他们则利用罗马的贵族们。因此罗马的

1　查理八世于 1494 年进攻意大利。

贵族们分裂为奥尔西尼和科隆纳两大派别，在他们之间常常由于某种原因而发生争吵，而且他们手握兵器就站在教皇的眼皮底下，使得教皇软弱不堪，瞻前怕后。虽然有时也会出现一位像塞克斯都[1]那样英勇的教皇，但无论是幸运还是智慧都绝不可能使他摆脱这些麻烦。他们的寿命短促是原因之一。因为一位教皇在位的时间平均为十年，在这十年当中，他费尽千辛万苦才有可能把那些党派中的一派镇压下去。譬如说，一位教皇差不多已经把科隆纳这一派整垮了，然而继位的另一位教皇却又与奥尔西尼那一派为敌，他要使科隆纳一派复兴，从而也就没有时间摧毁奥尔西尼一派了。

这就是为什么教皇的世俗权力在意大利不为人们所重视。后来亚历山大六世登上了教皇的宝座，在历代教皇当中，他最充分地表明了一位教皇是能够利用金钱和武力立于不败之地的。利用瓦伦蒂诺公爵作他的工具，而且利用法国人入侵意大利的机会，亚历山大教皇完成了所有事情，

1　塞克斯都四世（1414—1484），1471 年至 1484 年在位。马基雅维利在《佛罗伦萨史》第七章第二十二节中曾经这样评论他：“这位教皇是首先表明了，一位教皇可以做很多事情，以及以前被认为是错误的许多东西是可以在教皇权威的掩盖之下进行的。”

这些事情我在前面讨论公爵活动的时候已经说过了。虽然他的意图并不是为了壮大教会的势力，而只是为了壮大公爵的势力，但是他的所作所为却使教会强大起来。在他去世之后，公爵也被消灭了，而教会则成了他的劳动果实的继承者。其后朱利奥做了教皇，他发现教会势力强大，因为他保有整个罗马尼阿，罗马的贵族们已经被镇压了，而那些党派则在亚历山大所施加的打击之下被消灭了；朱利奥还找到了在亚历山大以前从来没有使用过的积累财富的方法。[1] 朱利奥不仅把这些事情继续下去，而且有过之而无不及；他考虑如何把波洛格纳收归己有，如何消灭威尼斯人，如何把法国人赶出意大利。他的所有这些事业都成功了，而且由于他做的每一件事都是为了教会势力的壮大，而不是为了私人的目的，因而他备受赞扬。他还把奥尔西尼和科隆纳两派的势力限制在为他所判定的同等的限度之内，尽管在他们当中也有一些随时可以改变局势的领袖，但是有两件事制约着他们：其一是教会的强大，使他们心存畏惧；其二是不让他们的人担任枢机主教，因为枢机主教乃是引起他们之间纷争的根源。如果这些党派有自己的

1　显然指教会的职位或赎罪券的拍卖。

枢机主教，那么他们就绝不可能安静下来了；因为枢机主教们将在罗马内外培植党派，而贵族们则被迫起来自卫。因此，贵族之间的骚乱与纷争都是由僧侣们的野心所引起的。所以当今圣父，教皇利奥，[1]发现教皇这个职位是非常强大的。我们希望，如果先前的教皇们依靠武力使他强大起来了，那么当今的教皇将能够依靠他的善良和其他无限的美德使之更加强大，并且更加受到人们的崇敬。

1　利奥十世，即乔万尼·德·美第奇，是洛伦佐·德·美第奇的儿子，于1513年至1521年在位。

第十二章

论军队的种类和雇佣军

【提要】 本章的主题是一方面阐明军队是国家的基础，另一方面则指出雇佣军对国家的危害。马基雅维利认为，无论什么样的国家，其基础都是良好的法律和精良的军队，而良好的法律又是以精良的军队为前提的。因此，军队是国家的最根本的基础。军队分为自己的军队、雇佣军、援军和混合的军队。雇佣军不仅没有益处，而且是危险的。因为雇佣军是不统一的、怀有野心的、毫无纪律、没有信义。他们作战不力，一旦打起仗来不是逃之夭夭就是一哄而散，甚至临阵倒戈，背叛雇主。如果他们侥幸打了胜仗，就会反过来要挟雇主，使雇主接受他们的摆布。意大利的一切内忧外患，其根本原因就在于对雇佣军的依赖。

我在本书一开始时提出要讨论的这些君主国的所有特性，已经详细地讨论过了，在某些方面也考虑到了这些君主国兴盛与衰亡的原因，并且揭示了许多人谋求获取和保持这些君主国所采取过的方法。对我来说，现在所剩下的工作就是一般地讨论一下我们所提及的君主国中每个国家相应的进攻与防守的问题。我们以前已经说明，一位君主必须为自己建立起坚实的基础，[1]不然的话他定将毁灭无疑。所有国家，无论它是新建的，旧的，或是混合的，它们的根本基础都一样，那就是良好的法律和精良的军队。而且因为哪里没有精良的军队，哪里就不可能有良好

1　见第八章。

的法律，而哪里有精良的军队，哪里也就一定会有良好的法律，所以我不准备讨论法律问题，而是来谈一谈军队的问题。

我认为，一位君主借以保卫他的国家的军队，或是他自己的军队，或是雇佣军，或是援军，或是混合的军队。雇佣军和援军没有益处而且是危险的；如果一个人把自己国家的基础建立在雇佣军之上，那么他的基础绝不会坚实，也绝不会稳固，因为雇佣的军队是不统一的、怀有野心的、毫无纪律、没有信义，他们在朋友当中蛮横无理，而在敌人面前则胆小如鼠；他们不敬畏上帝，待人不讲信义。毁灭之所以还没有出现只不过是因为敌人的进攻推迟了而已。而且在和平时期，你遭受的是这些雇佣军的掠夺，在战争时期你遭受的则是你的敌人的抢劫。其原因就在于，他们除了不多的军饷之外，没有任何爱戴之情，也没有任何理由使他们征战沙场，而这点儿军饷不足以使他们心甘情愿地为你去死。当你不打仗的时候，他们的确情愿做你的士兵，[1] 然而一旦打起仗来，他们不是逃之夭夭就是一哄而散，离你而去。对我来说要证明这一点不费吹灰之力。因为眼

1　“士兵（soldier）”一词的字面含义就是：从你那里领取军饷。

前意大利的毁灭不是由于别的原因，而是它许多年来依赖雇佣军的结果。尽管这些雇佣军也曾帮助某些人取得了一些胜利，而且在他们自己之间亦表现得十分威武勇猛，但是当外敌压境之时，他们就原形毕露了。因此，法国国王查理完全可以手里拿着粉笔[1]轻而易举就占领了意大利。有人说，意大利的失败是因为我们的罪过，他的确说出了真理。[2]不过，这些罪过显然并不是他所以为的那些罪过，而是我已经论述过的那些罪过，而且由于那是君主们的罪过，所以他们业已由此受到了惩罚。

我想进一步证明这些雇佣军的失败之处。雇佣军的头领们抑或是军队之中的出类拔萃之辈，抑或不是。如果他们是这样的人，你绝不能相信他们，因为他们总是渴望扩大自己的势力，其方式不是压迫作为他们的雇主的你，就是违背你的意愿去压迫他人，然而如果头领是软弱无能的人，那么他往往会毁了你。倘若有人回答说，无论是谁只

1 在法国人没有遇到任何抵抗的入侵之路上，粉笔通常被用来标记那些接纳法国士兵住宿的房屋。法国历史学家菲利普·德·克敏斯（Philippe de Commines）的《回忆录》中记载，这一用语是教皇亚历山大六世发明的。

2 这是萨沃纳罗拉在 1494 年 11 月布道时所说的话，他说法国人的入侵乃是上帝对意大利和佛罗伦萨的惩罚。

要手中握有军队就行，不管这些军队是雇佣军或者不是雇佣军，都是一样的，我的回答是，军队必须在君主或是共和国的控制之下。君主应当御驾亲征，而且亲自料理指挥官的事务。共和国则必须委派自己的公民指挥参战，如果它所委派的人被证明是不能胜任的，那么就必须撤换他；如果他是称职胜任的，就必须用法律来约束他，以免其僭越相应的界限。经验告诉我们，唯有君主和武装起来的共和国才能够取得巨大的进展，而雇佣的军队则只能制造危害。而且让一个以其自己的军队所武装起来的共和国服从它的某一个公民的支配，要比一个由外国军队武装起来的共和国更加困难。

罗马和斯巴达在许多世纪里都是以武立国，从而独立自主。瑞士人武装得极好，因而非常自由。而伽太基人则为我们提供了一个古代使用雇佣军的事例，尽管伽太基人让自己的公民担任雇佣军的头领，但是当他们与罗马人的第一次战争结束的时候，就几乎被雇佣军的士兵们压垮了。[1] 埃帕米农达死后，底比斯人就请马其顿的菲利普担

---

1 伽太基在与罗马的第一次战争（因罗马人称伽太基人为“布匿人”，故史称第一次布匿战争）结束之后，于公元前 241 年至前 237 年陷入了雇佣军战争。

任他们的军队首领，而当菲利普获胜之后，便剥夺了底比斯人的自由。[1]米兰人在菲利普公爵死后，雇用弗朗切斯科·斯福尔扎抵抗佛罗伦萨人，当他在卡拉瓦乔克敌制胜之后，斯福尔扎却与佛罗伦萨人结盟来压迫他的雇主米兰人。斯福尔扎的父亲也曾为那不勒斯王国的女王乔万娜所雇用，而他的突然离开致使女王的军队解体。结果，为了不失去那不勒斯王国，女王不得不乞求阿拉贡国王的保护。然而，威尼斯人和佛罗伦萨人过去都曾经利用雇佣军来扩张他们的帝国，而这些雇佣军的首领并没有自立为王，却保卫了他们，对此我的回答是，佛罗伦萨人从中获益是十分偶然的，因为在那些可能使他们感到害怕的、精明强干的将领之中，有些没有取得胜利，有些碰上了对手，其他人则把他们的野心转向别的地方去了。其中没能打胜仗的那个人是乔万尼·阿库托。由于他没有取得胜利，我们也就无从印证他的信义如何，不过所有的人都会承认，假如他赢得了胜利，那么佛罗伦萨人就得任由他来摆布了。斯

1 埃帕米农达（Epaminondas）于公元前362年去世之后，菲利普（Philippe）在公元前359年成为马其顿国王并于公元前362年占领了底比斯。虽然菲利普似乎没有担任过底比斯雇佣军的首领，不过他曾经在底比斯当过人质，并且在那里学会了如何统率军队。

福尔扎则是始终有布拉齐吉家族[1]与之对敌，结果他们彼此之间互相制约：弗朗切斯科把他的野心转向了伦巴第，而布拉齐奥则与教会和那不勒斯王国敌对去了。

不过，还是让我们看看不久前发生的事情吧。佛罗伦萨人让保罗·维泰利做他们的将领，这个非常精明的人出身平民，早就取得了巨大的名望。假如他占领了比萨，没有人会否认，佛罗伦萨人一定要与他保持密切的关系，因为倘若他临阵倒戈，转而变成了他们的敌人的雇佣军，那么佛罗伦萨人就束手无策了；然而如果他们雇用他，他们就不得不听从他的摆布。如果我们考察一下威尼斯人所取得的进展，那么我们就将看到，当他们自己（在转向陆地之霸业以前）从事战争的时候，他们做事既稳当又光荣。凭借自己的贵族和平民的武装，他们进行了英勇的战斗，但是当他们开始在陆地作战之时，他们就丧失了这种能力，因循意大利的作战习惯。威尼斯人刚开始在陆地扩张领土的时候，由于他们在那里没有很多领土，又威名赫赫，因此他们没有必要惧怕他们的将领；但是当他们在卡

1　尼古劳·福特布拉齐奥的部下，也被称为布拉齐奥·达·蒙托内（Braccio da Montone）。

尔马尼奥拉的指挥下扩张领土时，他们便受到了自己所犯之错误的危害。因为当他们在卡尔马尼奥拉的指挥下打败了米兰公爵之后，他们发现他是一个非常精明强干的人，然而另外，他们也察觉他在战争中变得很冷淡，因而他们认定在他的指挥下他们不可能再取得胜利了，因为他不想这样做，但又不可能解雇他，因为他们不想失去已经得到的一切。所以为了自身的安全，他们不得不把他杀了。此后他们先后请了巴尔托洛梅奥·达·贝尔加莫、罗贝尔托·达·桑·塞维里诺、皮蒂利亚诺伯爵以及诸如此类的人担任他们的将领。使用这些将领，他们不得不害怕失败，害怕一无所获，正像后来在维拉发生的那样：在那里他们一日之间就把八百年来千辛万苦所取得的一切都丧失殆尽了。因为依靠这些雇佣军要想有所收获只能是缓慢、拖延和收效甚微的，然而损失却是瞬间的事，而且不可思议。通过这些事例，我了解了多年以来为雇佣军所控制着的意大利，所以我希望更深入地讨论雇佣军的问题，以便明了他们的起源及发展，这样我们就可以更好地纠正他们。

你肯定知道最近在意大利开始了对皇权的反叛，而教皇却在世俗事务中获得了巨大的声望，意大利被四分五裂成了许多个国家。因为在大城市当中有很多城市武装起来，反对他们那里以前受到皇帝支持而压迫他们的贵族，而教会则支持这些城市以树立自己在世俗事务中的声望。在其他许多城市中，他们的市民也变成了统治他们的君主。结果，意大利差不多完全落入了教会和少数几个共和国的手中，由于僧侣们和其他市民们不谙军事，他们便开始雇用外国人当兵。使这类军队威名远扬的第一个人，乃是罗马尼阿人阿尔贝里戈·达·科尼奥。[1] 在他所训练出来的那些人当中，布拉齐奥和斯福尔扎乃是他们那个时代意大利的主宰。在他们之后，所有其他的雇佣军将领相继而来，控制着意大利的那些军队直到今天。而他们英武果敢之能力所产生的后果却是意大利遭受查理的蹂躏、路易的劫掠、费迪南多的侵犯和瑞士人的凌辱。他们以往所采取的方式，首先是削弱步兵的声望，以便抬高他们自己的声望。他们之所以这样做，就是因为他们是没有国家的人，靠雇佣为职业维持生计。但是仅有少量的步兵是无法为他们带来声望的，而他们又没有能力供养太多的步兵，因此他们转而依靠骑兵，供养相当数量的骑兵，并且使之受到尊敬。结

1 阿尔贝里戈·达·巴尔比亚诺（Alberigo da Barbiano, 1344—1409），科尼奥伯爵，意大利最早的雇佣军首领，著名的“圣乔治军团”的组织者和首领。

果事情就发展到了这样的地步，在一支两万人的军队中，你甚至看不到两千个步兵。除此之外，他们还采取一切方法，在战斗中不是彼此残杀，而是活捉战俘，并且不要求赎金就放了他们，以此来缓解自己与士兵们的劳苦和恐惧。他们从不在夜间攻打城镇，城镇中的守军也不会在夜间袭击围城的营盘；他们既不在军营的周围树立栏栅，也不在军营的周围挖掘战壕；他们从不在冬天出征。所有这一切都是他们的兵法战略所允许的，而且如前所述，他们发明出来的这些方法的目的，乃是为了摆脱麻烦、逃避危险，这样一来，他们就把意大利引向了奴役和屈辱。

第十三章

论援军、混合军和自己的军队

【提要】 本章继续讨论各种军队的性质。马基雅维利用实例指出，援军是另一种无用而危险的军队。对于招请者来说，援军一旦失败则前功尽弃，而援军一旦胜利，自己则成为援军的俘虏，因而援军比雇佣军更危险。混合军是由自己的军队和雇佣军混合组成的，它虽然比单纯的援军或单纯的雇佣军要好一些，但毕竟比全部是本国的军队差远了。马基雅维利的结论是：英明的军主总是避免使用雇佣军和援军，而是依靠自己的军队，他宁可依靠自己的军队打败仗，也不愿依靠他人的武力克敌制胜。

援军是另一种无用的军队，它是一个强国应你的请求而派来援助和保卫你的军队，就像近来教皇朱利奥二世所做的那样，当他在费拉拉战役中看到自己的雇佣军作战不力时，就转而求助于援军，他同西班牙国王费迪南多约定，由后者提供他的人员及军队给予援助。这些军队本身可能是有用而优秀的，但对于招请他们的人来说则几乎总是有害的，因为他们一旦失败，招请者将前功尽弃，而如果他们赢得胜利，招请者将成为他们的俘虏。这样的实例在世界历史中比比皆是，然而我还是想谈谈朱利奥二世这个新近的例子，为了占领费拉拉而把自己置于外邦之手，他的这个决定真是欠缺考虑。幸好他的运气导致了第三种情况，才使他没有尝到这个错误决定的苦果。出乎他本人及大家的预料，他的援军在拉文纳战败后，瑞士人奋起驱逐了胜利者。这样一来，他既没有成为敌方的俘虏，也没有成为自己援军的俘虏，因为敌人已经逃走，援军也被其他的部队所打败。另外，佛罗伦萨人在自己完全没有武装的情况下，却招请一万名法国兵去进攻比萨，这样的决定使他们经历了比以往任何危难时期更多的危险。君士坦丁堡的皇帝为了反对其邻国，派遣上万名土耳其军队到希腊，战争结束时，他们却不肯离境，这就是希腊受异教徒奴役的开端。

因此，谁要不想赢得胜利，就让他去利用援军好了！援军会比雇佣军更加危险，利用援军，毁灭也将与之相伴，因为援军团结统一，而且完全听从他人的命令。而就雇佣军而言，即使他们获得胜利，想加害于你也需要更长的时间和较好的机会。这是因为雇佣军不是一个整体，他们由你招来并发给军饷，而且那由你委派而成为他们头领的第三者，也不能够立即取得足够的权威来加害于你。总之，就雇佣军而论，其懒散怯懦是最危险的，而就援军而论，其英勇善战却是最可怕的。

因此，英明的君主总是避免使用这种军队，而是依靠自己的军队。他宁可依靠自己的军队打败仗，也不愿依靠他人的武力克敌制胜，因为他认定用他人的军队赢得的胜利并不是真正的胜利，我将毫不犹豫地援引切萨雷·博尔贾及其行为为例。这位公爵完全依靠法国的援军入侵罗马尼阿，并占领了伊莫拉和富利。但是后来，他觉得这种军队靠不住，转而依靠雇佣军，因为他认为雇佣军的危险较小，他雇用了奥尔西尼和维泰利的士兵，可是后来在管理中发现他们可疑、不忠实而有危险，于是消灭了他们并转而依靠自己的军队，我们可以明显地看出这三种部队的差异，因为当伯爵依靠法国人，依靠奥尔西尼和维泰利的雇佣军，以及依靠他自己的军队并亲自指挥他们时，他获得了不同的声誉。只有当每个人都知道他是自己军队的完全的主人时，他才受到前所未有的敬重。

虽然我不打算离开意大利最近发生的这些事例，我还是想提一下在前文中已经提到的那些人中的一个——锡拉库萨的海洛。[1] 正如我已经说过的，他被锡拉库萨人推举为军队的首领，但他随即发现那些像我们意大利雇佣军那样组成的雇佣军毫无益处，并且觉得自己既不能继续保有他们又不能将他们遣散，只好将他们全部杀掉。以后，他就

1　见第六章。

率领自己的而不是外国的军队作战。

我还想回顾一下《旧约》里对此的一个比喻。大卫请求扫罗王让自己同非利士人的挑战者歌利亚战斗。扫罗为了给他壮胆，把自己的铠甲给他披戴，可是大卫试了一下之后便立即谢绝了。他说，戴这个铠甲将不能很好地发挥自己的力量，他宁愿使用自己的投石器和刀子同敌人周旋。总之，他人的铠甲不是从你身上滑落，或把你压倒，就是把你束缚得紧紧的。

法国国王路易十一的父亲查理七世凭借自己的幸运与能力，把法国从英国人的统治之下解放出来。他认识到用自己的军队武装自己的必要性，于是他在自己的王国里制定了关于步兵和骑兵的规章制度。但是他的儿子路易国王后来废除了本国的步兵，开始招募瑞士士兵。如同我们现在所看到的，这种错误以及接踵而至的其他错误正是使这个王国面临危险的原因。因为路易国王在给予瑞士士兵荣誉的同时，也挫伤了自己的士兵。他废除了整个步兵，他的骑兵便只有依赖于外国军队。于是法国骑兵和瑞士兵共同作战成为习惯，因此他们以为自己没有瑞士人就不能够取胜，其结果是法国人不但不能对抗瑞士人，而且如果离开瑞士人也就不敢试图对抗别人。法军的军队因此而成为混合军，一部分是雇佣军，另一部分是本国的军队。这种军队总的来说比单纯是雇佣军或单纯是外国援军要好一些。可是毕竟比全部是本国的军队差得远了。上述的例子证实了这一点。因为如果查理七世的制度得到发展甚至坚持，法兰西王国将是不可战胜的。可是人们总是不能够审慎明辨，就开始做一件初看起来不错的事情，却没有觉察到其中的隐患，正如我在前面提到的肺结核一样。[1]

因此，如果一个君主不能够看到国家中正在滋生的忧患，就不可能是真正英明的君主，而能够具有这种先见之明的毕竟只是少数，研究一下罗马帝国覆灭的首要原因，人们就会发觉，这是从雇佣哥特人当兵开始的。罗马帝国的势力就是从那时候开始日渐衰落的，而以前曾使罗马帝国兴盛的一切力量都转移到哥特人那里去了。

由此，我得出以下结论：任何一个没有自己军队的君主国都是不稳固的。实际上，如果一个君主国没有实力，那么在遇到不利的情况时，就只有完全凭借侥幸了。所以明智的人常持有这样的意见和判断："世界上最虚弱和最不牢固的东西，莫过于不以自己的力量为基础的权力带来的

1　见第三章。

声誉了。”[1]所谓自己的军队就是由臣民、市民或你的属民组成的军队，所谓其他军队就是雇佣军或者援军。如果你考虑一下我在上面提到的四个人[2]的办法，并且观察一下亚历山大大帝之父菲利普以及许多共和国的君主如何组织和武装自己的军队，那么很容易找到组织自己军队的办法。我自己完全同意这些方法。

---

1 引自塔西佗《历史纪年》；19。

2 即瓦伦蒂诺公爵切萨雷·博尔贾、锡拉库萨的耶洛内、大卫和法国查理七世。

第十四章

君主在军事方面的责任

【提要】 本章进一步把军事看作是君主的唯一专业。在马基雅维利看来，君主甚至应该把民事管理工作交给自己选定的其他官员，而自己则专心致志于军事，而且在和平时期比在战争时期更该注意这一点。为此有两种方法：其一是采取行动，包括整顿军队训练士卒，借狩猎锻炼体魄、熟悉地理形势等；其二是开动脑筋，时常思考战争的方法，阅读历史，从古人的成败中吸取经验教训。至此，对军事问题的讨论结束。

除了战争、军事制度和训练外，君主不应该有任何其他目标和思想，也不应该把其他任何事情作为自己的专业，因为这是统帅者所应有的唯一专业。它的效力不仅能够使那些生下来就当君主的人保持自己的地位，而且时常使人们从平民一跃而高踞王位。反之人们会看到，君主如果一味沉醉于安逸而较少关心军事，便会亡国。亡国的首要原因就是忽视了这种专业，而使你赢得一个国家的原因，正是因为精通这门专业。

弗朗西斯科·斯福尔扎由于拥有武装，于是由平民成为米兰公爵；而他的儿子们由于逃避军事的艰辛，于是由公爵降为平民。因为不整军经武而受人蔑视，这是君主们所应提防的奇耻大辱之一。这一点后面还会讲到，因为拥有武装的人同没有武装的人是无法相比的。指望拥有武装的人服从那没有武装的人，或是没有武装的人安处于已经武装起来的臣仆之中，这都不合情理。因为一方持有蔑视，而另一方心怀疑惧时，双方是无法安然共事的。所以，一个不懂军事的君主，除了其他的不幸外，他还既不能获得自己士兵的尊敬，也无法使自己信赖他们。

因此，君主应该永远不要让自己的思想偏离军事训练，而且在和平时期比在战争时期更该注意这一点。为此他可以采取两种办法：一是采取行动，二是开动脑筋。就行动而言，君主除了必须把自己的人妥善地组织起来加以训练外，自己也必须经常从事狩猎，借此锻炼身体，习惯于艰苦的生活，并且认识各处的地理形态，了解山脉是怎样起伏的，峡谷是怎样凹陷的，平原是怎样展开的，还要明了河流沼泽的特性，对于这一切他必须予以最大的关注。这类知识有两种用处：首先，当他学会怎样了解自己的国土时，就能够更好地懂得怎样保卫它；其次，由于他对那个地方的知识和经验，倘若以后他有必要了解其他任何地方时，他就能够很容易了解新地方。因为，举例来说，托斯卡纳的丘陵、山谷、平原、河流和沼泽同其他地区的这些东西有某种相似之处，从而一个人只要了解一个地区的地势，就能够很容易地了解其他地区的地势，而君主如果缺乏这种技能，也就缺乏了一个首领所应具备的首要条件。因为正是这教会他如何发现敌人，选择宿营地，率领军队安排作战，以及利用优势围攻城镇。

在作家们对阿凯亚人的君主菲利波门的各种赞扬中，有一条就是在和平时期仍时刻不忘思考战争的方法。当他和朋友们竞技娱乐时，他常常停下来同他们讨论：“如果敌人在这个山顶出现，而我们带着自己的军队在这里，谁占有地利呢？我们怎样才能保持队形而攻击敌人呢？如果我们想从这里退却，我们该如何行动？如果敌人退却了，我们应该怎样追击？”当他们一起前行的时候，他常会提出一些军队可能遇到的情况，他倾听朋友们的意见，并说明自己的见解以及对此的论证。这样，由于经常不断地深谋远虑，他在率领军队时就不可能发生任何他不能应付的意外事件。

但是，为了训练思维，君主还应当阅读历史，研究历史上杰出人物的作为，看看他们在战争中是怎样做的，考察他们胜利和失败的原因，以便避免后者而仿效前者。最重要的是，他还应当像过去那些杰出人物所做的那样，选择某一个受到赞美和尊崇的前人作榜样，常常把他们的举措和行为铭记心头。据说，亚历山大大帝就是效法阿喀琉斯，[1]恺撒效法的是亚历山大，西庇阿效法的是居鲁士。当人们读色诺芬撰写的居鲁士王生平时，就会看到西庇阿效法居鲁士给他带来多么巨大的光荣，同时，在纯洁、和蔼、仁慈和宽宏大量方面，西庇阿同色诺芬所描述的居鲁士性格又是多么相像。

一个贤明的君主必须遵守上述的方法，千万不可在和平时期无所事事。他应该努力地利用这些时间作好准备，以防命运的突变。

1　阿喀琉斯（Achilles），传说是希腊英雄，从小被半人半马的怪物喀戎教养，学会狩猎和作战的本领。

第十五章

论使人们特别是君主受褒贬之事

【提要】从本章开始，马基雅维利集中讨论君主本人的性格或者品行对国家的影响。他力图摆脱传统神学和伦理学的束缚，结合历史经验和生活实践，立足于现实，从实用出发，揭示出一个典范的君主所应有的品性和行为。由于同传统相悖，这些观点曾招致强烈的反对。本章指出，欧洲思想史上的所谓“理想国”传统只是一种脱离生活实际的幻想。而一个人如果为了应当怎样，而忘记了实际怎样，则不但无法生存，而且会自取灭亡。马基雅维利列举了一个君主可能引起人们赞扬的各种善良品质和可能引起人们责难的各种恶劣品质，并且明确提出，君主拥有善良的品行受人赞扬固然是好事，但君主不可能也没有必要拥有所有善良的品行。君主固然应该避免那些可能导致亡国的恶行，但如果某些恶行可以挽救国家的话，君主完全没有必要担心它们可能受到责备而良心不安，这一观点是以下各章的总纲。

我们现在考察一下君主对待臣属和朋友所应采取的方式方法。关于这个问题，我知道已有许多人著述讨论过，现在我再次把它提出来，而且我的观点与别人的大不相同，我想一定会被认为有些放肆和冒昧。可是，既然我要写的是对理解它的人必定有用的东西，我认为还是应该着眼于事情的实际情况，而不是那些想象的东西。

许多人曾经幻想那从未有人见过，更没有人知道曾经在哪里存在过的共和国和君主国，可是从人们实际上怎样生活到人们应当怎样生活，这距离是如此之大，以致一个人要是为了应当怎样而忘记了实际怎样，那么他不但无法生存，而且会自取灭亡。由于周围都是不善良的人，一个要在所有的事情上都立誓行善的人只会遭到毁灭。所以，一个君主如果想保持自己的地位，就必须学会怎样能够做不善之事，而且知道如何视情况的需要而使用或不使用这种方法。

为此，我想把想象中关于一个君主所应做的事先抛在一边，来讨论一下事情的真实情况，我认为一切人，当我们提起他们时，都突出地具有某些引起人们赞扬或批评的品质，而君主们由于高高在上便更显突出。于是有人被誉为慷慨，而有人被贬为吝啬（这是使用托斯卡塔的用语，因为在我们的方言里，贪婪的人还指那些依靠暴力夺取财物之人，吝啬的人还指那些不愿多使用自己东西之人）。有人被认为乐善好施，有人则被视为贪得无厌；有人被认为残忍成性，有人被认为慈悲为怀；有人被认为不守诺言，有人被认为言而有信；有人被认为软弱可欺，有人被认为勇猛强悍；有人被认为和蔼可亲，有人则被认为狂傲自大；有人被认为荒淫好色，有人被认为纯洁自持；有人被认为诚恳，有人被看作狡猾；有人被认为难与相处，有人被看作容易相与；有人被认为稳重，有人被看作轻浮；还有的人被看作满怀虔诚，有的人被认为毫无信仰，如此等等。

我知道，每一个人都会同意这一点：如果君主表现出上述种种被认为是优良的品质，就值得褒扬。但是君主既不能全部具有，也不能完全地保持它们，因为人类的条件不允许这样。君主必须具有足够的审慎和远见，知道怎样避免那些使自己亡国的恶行，并且可能的话，还保留那些不会招致亡国的恶行。但是如果他做不到，最好顺其自然。不过，如果某些恶行可以挽救国家的话，君主完全没有必要担心它们会受到责备而良心不安。因为如果人们仔细考虑一下，就会发现有些事看起来是好事，如果去做却会招致灭亡，有些事看起来不好，但做了之后却会带来安全和幸福。

第十六章

论慷慨与吝啬

【提要】 本章集中分析慷慨和吝啬这一对品质，马基雅维利指出，被人们称为慷慨固然是好的，但它并不适宜于君主。君主只有在带军队出征，靠掳掠、勒索、敲诈来补给时，慷慨才是必要的。而在其他情况下，君主为了保有慷慨的名声，势必耗尽财力，额外增加人民的负担，使人民仇恨他。而当他幡然悔悟痛改前非时，又会立刻被人称为吝啬。君主最应避讳的就是被人轻视或憎恨，而慷慨则会带来这两者。

现在从上述的第一种品质谈起。被人们称为慷慨当然是好的，可是，如果这慷慨之举使你囿于慷慨之名，那么它就损害你了，因为如果您只是正当地慷慨行事却不见知于人，你就逃避不了与此相反的恶名。所以，一个人如果想在人群中保有慷慨之名，就必然摆脱不了某些奢侈的排场，以致一个君主常常在这一类事情上耗尽了财力。直到最后，如果他还想保持住慷慨的名声，就必须额外增加人民的负担，横征暴敛，为了获得金钱而无所不为。这就使得他的臣民开始仇恨他，而且当他变得拮据的时候，任何人都不会敬重他。结果他的慷慨损害了众人，受惠者只是少数，而他则成为第一个遭遇困难的人，不论发生什么危险，他都将首当其冲。当他突然明白而想幡然悔悟时，他又会立刻被称作吝啬。

所以君主除非使自己承受损失，否则不可能因慷慨这种德性而扬名于世，而如果他是明智的，本就不必计较吝啬的名声。因为如果人们看到由于节约的缘故，他的收入丰盈，以致能够防御外敌、建功立业而不加重人民的负担，那么，随着时光的流转，人们将越来越认为他慷慨。这样一来，他对所有那些他没有增加其负担的人来说都是慷慨的，他们又是绝大多数，而对于所有那些他没有施予的人来说虽是吝啬的，但他们毕竟为数甚少。在我们这个时代，我们看到只有那些被称为吝啬者的人们做出了伟大的事业，而别的人却失败了。教皇朱利奥二世曾借助慷慨之名登上教皇的宝座，但后来为了能够进行战争，他也就不再考虑保持慷慨了。当今的法国国王进行了许多场战争，却没有向臣民增加特别的赋税，这就是因为他依靠长期的节约以供额外的支出。当代的西班牙国王假如被称作慷慨的，他也就不可能进行如此之多的战役并获胜了。

所以，为了不去掠夺臣民，为了能够保卫自己，为了不陷入贫困招人轻蔑，为了不对人民勒索、强夺，君主应该毫不介意吝啬之名，因为这虽是一种恶，却能使他维护统治。如果有人说：“恺撒正是由于慷慨而取得政权，而且其他许多人也由于慷慨或被赞为慷慨而取得至高无上的地位。”那么我的回答是：要么你已经是一位君主，要么你正在争取君主的地位。如果是前者，慷慨只会带来害处；如果是后者，被誉为慷慨则十分必要，恺撒当时是渴望取得罗马政权的人之一，但如果他在取得政权后仍然如此而不知节约的话，他就会毁灭帝国。假如还有人反驳说：世界上也有过许多君主，依靠军队建立了伟大的事业，同时也被人们称作慷慨。对此我要回答说：君主所花费的钱财，要么是他自己的或他的臣民的，要么是别人的。如果是前者，他必须节约；如果是后者，他则不应该放过任何显示慷慨的机会。

当君主带着自己的军队出征，依靠掳掠、勒索、敲诈和占用他人财物来补给时，慷慨是必要的，否则士兵将不再追随他。对于既不是你自己的也不是你属民的财产，你尽可作为一个大方的施主，就像居鲁士、恺撒和亚历山大一样，慷他人之慨，不但不会损害你的名声，而且会使你声名鹊起。只有挥霍你自己的财产，才会损害你。而且再没有比慷慨更耗损自我的东西了；当慷慨而为之时，你正在失去慷慨而为的能力。你将不是陷入贫穷而给人轻蔑，就是为了避免贫穷巧取豪夺而惹人憎恨。君主最应避讳的就是被人轻视或憎恨，而慷慨却会带来这两者。所以，明智之士宁愿承受吝啬之名，因为它虽然带来丑名却不引起憎恨，而追求慷慨之名，终会因贪婪而使丑名和憎恨两者俱来。

第十七章

论残酷与仁慈，
被人爱戴是否强于使人畏惧

【提要】 本章集中分析残酷和仁慈这一对品质。残酷令人畏惧，仁慈则受人爱戴。马基雅维利认为，所有的君主都会希望被人称为仁慈而避免残酷之名，但比起坐视混乱从而危害整个社会的过分仁慈来说，能够创造秩序和统一的残酷实际上要仁慈多了。君主也许想受人爱戴和令人畏惧二者兼备，但实际上很难做到。如果必须在二者间作出取舍，则令人畏惧比受人爱戴要安全得多。因为人们都是忘恩负义、趋利避害的小人，靠惩戒维系的畏惧比靠恩惠维系的爱戴更为有力。人们冒犯一个自己爱戴的人比冒犯一个自己畏惧的人更少顾忌。但令人畏惧时，切忌招人怨恨，此时重要的是不侵害臣民和公民们的财产和妻女，因为人们容易忘记父亲之死而不易忘记遗产的丧失。人们爱戴君主，是基于自己的意志，而感到畏惧则是基于君主的意志，所以聪明的君主应当立足于自己的意志而不是他人的意志。

我现在谈谈前文列举的另一种品质。我想每位君主都力图被人看作仁慈而不是残酷。可是他必须小心不要过分地仁慈。切萨雷·博尔贾被认为是残酷的，然而他的残酷却重建了罗马尼阿，使之统一并恢复了和平与忠诚。如果我们仔细考虑一下，就会明白博尔贾实际上比佛罗伦萨的人们仁慈多了，因为后者为了避免残酷之名反而使皮斯托亚被毁灭。[1]所以君主为了使自己的臣民团结一致、忠诚可信，就不必介意残酷这个恶名。因为除了极少数的情况，他要比那些由于过分仁慈而坐视混乱、凶杀以及劫掠的人

1　皮斯托亚：佛罗伦萨的一个城市，在1501—1502年间，由于帮派之争而纷乱迭起。

仁慈多了，因为后者会使整个社会受害，而君主的刑罚不过是损伤了个别人罢了。在所有的君主中，新君主更难避免残酷之名，因为新的国家总是充满危险。正如维吉尔借迪多之口所说：

> 严峻的形势、崭新的国家，
> 迫使我殚精竭虑，时刻戒备以至天涯。

而且，君主还应注意不要太快地信任他人和急于行动；当然，也不必妄自担忧。他应当慎思明辨，慈悲为怀却又有节制地行事，以免由于过分自信而轻率鲁莽，或是由于过分猜疑而不能容人。

关于这一点会引起一个争论：究竟是被人爱戴比被人畏惧好，还是与此相反呢？我的回答是，人们也许想两者兼备，但事实上二者很难兼得，而如果必须有所取舍，那么，被人畏惧比被人爱戴要安全得多。因为一般可以这样说，人都是忘恩负义、变化无常的，都是骗子与伪君子，他们总是趋利避害而唯恐不及。正如我前面谈到的，当你对他们有好处，而又不需要他们做什么的时候，他们整个都是属于你的，他们愿意为你流血，奉献自己的财产、生命甚至子女；可是当你真的需要他们时，他们却都背叛了你。因此，如果君主完全听信他人而缺乏准备，他终将灭亡。因为这种情谊是靠金钱而不是伟大与崇高的精神维系，它买得到却靠不住。而且人们冒犯一个自己爱戴的人，似乎比冒犯一个自己畏惧的人更少顾虑，因为爱戴是靠恩惠这条纽带维系，而人性的恶劣，可以使他在任何时候，为了自己的利益而不惜将它一刀两断；畏惧则不同，人们会因为惧怕遭到惩罚而不得不对你有所顾忌。

然而，君主在使人们畏惧自己的时候，应当注意虽然不能赢得爱戴，却也不要被人憎恨，被人畏惧却不被人憎恨，二者可以很好地结合在一起。只要他决不侵害臣民及公民的财产和他们的妻女，就能够办到。而当他需要剥夺任何人的生命时，他必须有适当的辩解和明显的理由才能这样做。但尤其重要的是，他务必不要染指他们的财产，因为人们容易忘记父亲之死，却不易忘记遗产的丧失。而且，夺取他人财产的理由非常好找，一个人一旦开始以掠夺为生，就总能找到侵吞他人财产的借口，可相反地，夺取他人生命的理由却不但难找，而且易逝。

不过，当君主率领军队指挥士兵的时候，他完全应该不顾忌残酷之名，因为如果没有这个残酷之名，他将无法使自己的军队保持统一、听从指挥。在汉尼拔惊人的壮举中有这样一件事：他率领一支由无数民族混合组成的大军在外国作战，可无论运气好坏，也无论在军士之中或是对待君主，都不曾发生任何纠纷。这并不是由于别的原因，而只是由于他的残酷无情，同时他又具有无限的能力，这就使他在士兵的心目中既可敬又可畏。但是，假如不是他的残酷无情，仅靠其他的能力是不可能产生这样的效果的。然而那些欠缺考虑的史学家们，却一面赞赏汉尼拔取得的成果，一面又非难他取得这些成果的主要原因。

汉尼拔如果只有其他的能力是远远不够的，这一点可以从西庇阿的事例中得到证实。西庇阿无论在那个时代还是在全部史纪中都可以说是一位罕见的伟人，但他的军队却在西班牙背叛了他，这不是因为别的，恰恰是由于他过分仁慈。他的士兵不守军纪而享有过分的自由，为此他在元老院受到法比奥·马克西姆的弹劾，称他败坏了罗马的军队。洛克伦斯的居民曾受到西庇阿的一名官员的摧残，可是西庇阿既没有替他们雪耻，对于他属下的暴行也没有加以惩罚。这完全是由于西庇阿的性情平和造成的。对此元老院里想替他辩解的人说，有些人更懂得如何不犯错，而不是纠正别人的错误。如果西庇阿以这样的性情进行统治，那么迟早会把他的名声和荣誉全都葬送。但是，由于元老院的监督，他的这种有害的品性才得以掩盖，并使他获得荣誉。

现在我们回到关于被人畏惧或爱戴这个问题上来。我的结论是：人们爱戴君主，是基于自己的意志，而感到畏惧则是基于君主的意志，所以明智的君主应当立足于自己的意志而不是他人的意志。当然，他还必须如前所述，尽量地避免招人憎恨。

第十八章

论君主应如何守信

【提要】 本章集中分析信义问题，其中提出著名的狮子与狐狸的比喻。马基雅维利指出，笃守信义是值得赞扬的。但经验表明，那些曾经建立了丰功伟绩的君主并不重视遵守诺言，而是最懂得运用阴谋诡计，并最终征服了那些盲目守信的人。君主应勇猛如狮子，狡猾似狐狸，二者缺一不可，在遵守信义于己不利的时候，他绝不应该遵守信义，但他务必要装出遵守信义的样子，至于其他品质也是一样。君主必须会做一个伟大的骗子和伪君子。君主要显得慈悲为怀、笃守信义、合乎人道、诚实可靠、虔敬信神，但同时又要有精神准备，一旦需要便能够并且知道怎样改弦易辙。如果可能，君主还是不要背离善良之道，但一旦需要，他必须懂得如何作恶。这种极端的观点使本章成为马基雅维利著作中最受后世非议的一章。

人们总是认为，君主严守信义、正直坦率、不用诡计，这是多么值得赞美啊！然而我们这个时代的经验表明，那些曾经建立丰功伟绩的君主却并不重视遵守诺言，而是最懂得运用诡计使人们晕头转向，并最终征服了那些盲目守信的人。

因此，你必须知道世界上有两种斗争方法：一种是运用法律，另一种是运用武力。第一种是人类特有的，第二种是野兽特有的。但是，因为第一种常常不足以应事，从而必须求助于第二种。因此，君主必须懂得如何善加运用野兽和人类的两种斗争方法。关于这一点，古代的作家们早已隐秘地传授给君主了。他们描写阿喀琉斯以及古代的许多其他君主被交给半人半马的怪物喀戎喂养，并在它的训练下长大。这不外乎是想告诉人们，君主既然以半人半兽的怪物为师，他应当知道怎样运用人性和兽性，应该知道二者缺一不可。

君主们既然必须懂得善于运用野兽的方法，他就应当同时效法狐狸和狮子，因为狮子不能够避免落入陷阱，狐狸则往往难以抵御豺狼。所以，君主必须像狐狸一样能识别陷阱，又必须像狮子一样能使豺狼惊骇。然而那些只懂得依靠狮子的人却不理解这一点，所以，当遵守信义反而于己不利时，或者使自己作出诺言的理由已经不存在时，一位英明的统治者绝不能够，也不应当遵守信义。当然，如果人们全都是善良的，这句话就不合适了，但是由于人性的恶劣，他们自己并不是严守信义的，所以你也同样不必对他们守信。而且君主总是不乏正当的理由来掩饰其背信弃义。关于这一点，我能够举出近代无数的例证，它们表明有多少和约和诺言都因为君主们不守信义而成为一纸空谈，而那些深知狐狸的策略的人却获得了巨大的成功。但是君主们必须深知如何掩饰这种兽性，并且必须会做一个伟大的骗子和伪君子。人们是那样的头脑简单，目光短浅，为眼前的利益所支配，因此想要进行欺骗的人总可以找到受骗者。

在新近发生的事情中，有一件事我不想对它保持沉默：亚历山大六世除了欺世盗名，根本就不曾做过也不曾想过其他任何事，可是他总能找到上当受骗的对象。世界上从没有过比他更能信誓旦旦地保证一件事，又随随便便自食其言的人了。可是他总能如愿以偿，这是因为他非常深刻地认识到人性的这一面。

因此，一位君主事实上根本不必具备我前文列举的那些优秀品质，却有必要显得具备这一切，我甚至敢于断言：如果具备这些品质并身体力行，那将深受其害，而如果总是显得具备这些品质，那将受益匪浅。你要显得慈悲为怀、笃守信义、合乎人道、诚实可靠、虔敬信神，但你同时又要有精神准备，一旦需要便能够并且知道怎样改弦更辙。我们必须理解：一位君主，尤其是一位新的君主，无法实践那些被认为是好人应做的所有事情，为了保持国家，他常常不得不背信弃义、不讲仁慈、悖乎人道甚至于违反神意。因此，一位君主必须有一种精神准备，随时顺应命运的风向和事物的变化而转变。当然，如我前面所说，如果可能他还是不要背离善良之道，但一旦需要，他又必须懂得如何作恶。

君主应当十分注意，千万不要从自己口中溜出缺乏上述五种美德的只言片语，并且要注意使那些看到君主和听到君主谈话的人都觉得君主是位满怀慈悲、笃守信义、十分人道、一心敬神的人，君主尤其应该显得具备上述最后一种品质，通常人们进行判断，依靠眼睛更甚于双手，因为每个人都能看到你，但却很少有人能够接触你，每个人都能看到您所表现的，很少人能知道你是怎样一个人，而这少数人又不敢反对多数人的意见，因为后者受到国家权威的保护。对于无法向法院控诉的一切人的行动，尤其是君主的行动，人们就会只注意其后果。所以，君主如果能够征服并保持一个国家的话，他所采取的一切手段都将被人们认为是光荣的，而且备受赞扬。因为庸人们总是被事物的外表和结果所蒙骗，而这个世界只有庸人，当多数人不得不众口一词时，少数人便有了存身之地。当代有一位君主[1]——我这里不便点名——他满口和平与信义，可是他自己却对之极端仇视。假使他曾遵守其中任何一项，他的名望和国家就难免多次被别人攫取了。

1　指西班牙国王费迪南多。

第十九章

论避免遭人蔑视与憎恨

【提要】 本章对十五章以下的内容作出总结，并提出在君主应有品质问题上的总纲。君主必须注意避免那些可能使自己遭到憎恨或轻视的事情，贪婪、霸占臣民的财产和妻女，特别使君主被人憎恨；君主如果被认为变幻无常、轻率浅薄、软弱怯懦、优柔寡断、摇摆不定，就会被人轻视。因此，君主应该像提防暗礁一样提防这些东西。马基雅维利特别警告君主们，善行一样会招人忌恨和轻视。他用大量的历史事实说明，对于君主们来说，是否具有各种各样的美德并不重要，重要的是并不因此而引起臣民的怨恨和蔑视，遵守这一条，就可以泰然抵御外敌的入侵和内奸的阴谋。反之，违背了这一条，就会有杀身之祸乃至亡国之虞。

关于前文提到的君主的品质，我已经论述了其中最重要的一些，现在我想根据下述总纲扼要地讨论其余的品质。这条总纲就是，正如前文已经部分地谈到的那样，君主必须注意避免那些可能使自己遭到憎恨或轻视的事情，如果他能够避免这些，他就已经尽力了，即使有其他丑行也不会有什么危险。

正如我已经说过的，贪婪、霸占臣民的财产及其妻女，特别使君主被人憎恨；因此，他必须避免这两件事。当大多数人的财产和尊严没有受到侵犯时，他们就能安居乐业，君主只需同极少数人的野心作斗争，他可以有许多方法轻而易举地把这些人控制住。君主如果被认为变幻无常、轻率浅薄、软弱怯懦、优柔寡断、摇摆不定，就会被人轻视。

因此，他必须像提防暗礁一样提防这些。他应该力图在行动中显得伟大、英勇、严肃庄重、坚韧不拔。关于臣属中的个人问题，他的决断应该是不可更改的，而且他应该使人们持有这样一种观点，即谁都不要指望欺骗或者瞒哄他。

君主如果能使人们对自己抱有这种见解，就会深受敬仰，而阴谋反对一个深受敬重的人是困难的。如果大家都认为他卓越非凡并且受到自己臣民的尊敬，要攻击他将是很困难的。因此，君主必须警惕两件事：其一是内部的，它来自臣民；其二是外部的，它来自外国的势力。对于后一种情况，依靠坚甲利兵和亲密的盟友就能够抵御了。而且，倘若他拥有坚甲利兵，自然就会有亲密的盟友，所以，除非国内已受到阴谋的祸乱，否则在对外平安无事的时候，国内也将是平安无事的，即使有外患，如果君主已如我说的那样安排和立身行事，并且不自暴自弃，他就能够如我讲过的斯巴达的纳比斯那样抵抗一切攻击。但是，关于臣民的问题，当没有外患的时候，君主必须提防他们秘密地策划阴谋。关于这一点，如果君主能够避免引起臣民的憎恨和轻视，使人民对他感到满意，他就能稳坐泰山了。正如前文我已经详细申述的，君主必须尽力做到这一点。一位君主要能够对抗阴谋，最有效的对策就是不要被众人憎恨，因为搞阴谋的人总是指望把君主置于死地来取悦民众。但是，如果阴谋者知道那样做只会激怒民众的话，他就不会有勇气实现这类意图了。因为，阴谋者总是面临重重困难。经验证明：自古以来，阴谋为数虽多，却鲜有成功者。因为搞阴谋者都不可能单枪匹马地干，而除了那些他认为是心怀不满的人之外，他不可能找到别的人合作。一旦你向一个心怀不满者吐露你的意图，你就给他一个使他获得满足的途径，即他显然可以期待从你这里取得好处。于是当他看到，站在这一方利益是确定的，而站在另一方面则是不确定和充满危险的，他就会作为你罕见的朋友，而作为君主的死对头来对你效忠。

现在把这件事总结一下。我认为，在阴谋者这方面，除了恐惧、妒忌、担心受刑罚之外，再没有别的东西了；但在君主这方面，有的是一国之君的威严、法律、他的盟友和政权对他的保护，除此之外，如果还有人民的好感，那么任何人都不可能轻举妄动地图谋叛乱。在这种情况下，一般的阴谋者在为非作歹之前都不得不有所畏惧，由于阴谋者是人民的敌人，他在作恶之后，一定会心中害怕，而且找不到避难所。

关于这一点可以举出无数的实例，但我想举一个例子就够了，这个例子在我们的父辈中还记忆犹新。波洛格纳过去的君主梅塞尔·安尼巴莱·本蒂沃利，即当今的梅塞尔·安尼巴莱的祖父，是被坎尼斯基家族阴谋杀害的，当时除年幼的梅塞尔·乔万尼之外，安尼巴莱·本蒂沃利家族无一人幸存。可是当谋杀发生之后不久，人民就起来把坎尼斯基家族全部杀死了。这是因为当时本蒂沃利家族深得波洛格纳人民的爱戴，所以虽然在安尼巴莱死后能够统治这个国家的人无一幸存，可当波洛格纳的人们听说，在佛罗伦萨有一个过去一直被人们当作铁匠的儿子，而实际是本蒂沃利家族的后裔的人时，他们就到佛罗伦萨去迎接他，并且把这个城邦的政权交给他，由他统治，直到梅塞尔·乔万尼长大能够亲政。

因此，我的结论是：当人民对君主心悦诚服时，君主就无须忧虑会发生阴谋叛乱；但是如果人民对他抱有敌意，心怀怨恨，那么他就必须时刻警惕一切事和一切人了。因此，秩序井然的国家和英明的君主总是注意不要置贵族们于绝地，同时要使人民得到满足，安居乐业，因为这正是君主们所必须做的头等大事之一。

在我们这个时代里组织和统治得最好的王国之一是法国，我们可以看到法国国王的自由与安全赖以维持的无数优越制度。其中最重要的一个制度就是“议会”及其权力。因为建立这个王国的人深知权力者的野心及其傲慢，认定有必要在他们的嘴上套上嚼子来约束他们；另外，他也知道人民由于惧怕而对贵族怀有怨恨，便设法使人民感到安全，但是，他又不想显出对此特别关心，于是，为了避免自己由于袒护人民而受到贵族的非难，同时又避免由于袒护贵族而受到人民的非议，国王便设立了作为第三者的裁判机关，它可以弹劾贵族、维护平民而用不着国王担负责任。可以说，再没有比这个制度对于国王和王国来说更好、更审慎、更安全的了。由此，我们可以推出另一个值得注意的结论：君主务必把要担责任的事情委托他人办理，而把布施恩惠的事情留给自己掌管。我们还可以得出结论：君主必须看重贵族，但切记不可因此使自己招人民怀恨。

研究一下罗马皇帝的生平与死亡，也许有人会认为实例同我的见解相反，因为人们发现罗马皇帝中有人立身行事一向卓尔不群，而且表现出伟大的精神，然而这些皇帝都丧失了自己的帝国，而且被谋反的臣民所杀。为了回答这类反对意见，我想讨论一下某些皇帝的品质，并且证明他们灭亡的原因同我所指出的那些并无不同之处。同时，我还想提请大家注意在研究那个时代人们的行为时所应了解的一些事情。我想，对于罗马帝国的皇帝们，以上起哲学家马可下至马克西米诺为例就足够了，这些就是马可、其子科莫多、佩尔蒂纳、尤利亚诺、塞韦罗、其子安托尼诺·卡拉卡拉、马克里诺、埃利奥加巴洛、亚历山大和马克西米诺。

首先应该注意的是，在别的国家里，君主只需要同贵族的野心和人民的不驯服做斗争就行了，可是罗马的皇帝们却有第三种困扰：他们必须容忍其军队的残暴和贪婪，这非常难办，它曾导致很多皇帝的灭亡，因为同时使军队和人民满意很困难。人民酷爱和平，他们喜爱温和谦逊的君主，而军队却喜欢具有尚武精神的、贪婪的君主。军队总是希望君主以此对待人民而使自己获得加倍的军饷，并让自己的贪心和残酷得逞。因此，那些在性情和技巧方面未能获得非凡声誉来驾驭军队和人民的君主们，总是要灭亡，而且他们中的大多数人，特别是那些新登帝位者，一旦察觉到这两种对立的情绪所造成的困难，便只顾着满足军队，而对于损害人民却很少顾及。这种做法似乎也顺理成章，因为君主不可能不受到某些人的仇恨，他首先必须避免受到广大人民的怨恨，可如果做不到这一点，他就不得不尽最大努力以避免受到最有势力者的怨恨。所以，那些新君主因为需要特别的帮助，就依靠军队更甚于依靠人民。这种做法是否对君主有利，要看他能否在军队中保持自己的威望。由于上述原因，虽然马可、佩尔蒂纳和亚历山大全都是温和谦让、热爱正义、痛恨残暴、既人道又善良的人，可是除了马可，其他人都落得个悲惨的下场。马可是唯一的一个生与死都很荣耀的人，这是因为他依据世袭权利继承王位，既不依靠军队也不依靠人民的力量，而且后来他又由于具有许多美德而受人尊敬。他在世时，军队和人民各安本分，他既没有招人怨恨，也未被人们轻视。但是佩尔蒂纳却是违反军队意愿被选立为皇帝的。那些军队在先皇科莫多时代过惯了放纵的生活，对于佩尔蒂纳想要恢复他们老老实实的生活就无法忍受，于是怨恨由此而生。加之由于佩尔蒂纳年事已高，被人轻视，因此他刚刚执政便被消灭了。

在这里必须注意：善行如同恶行一样能招致憎恨。所以，正如我上面说过的，一位君主为了保存自己的国家往往被迫做不好的事情；为了保住你的地位，当你认为自己需要的那些人——无论是民众、军队或者贵族——腐化堕落的时候，你为了满足他们就不得不顺从他们的脾性。于是善行将与你为敌。我们再看一看亚历山大吧！他是一个善良的人，在他受到赞扬的事情中有一件就是，在他统治的十四年中，没有一个人不经审判而被他处死。然而，由于人们认为他懦弱无能，听任母亲的支配，于是招人轻视，军队谋反把他杀死了。

现在，谈谈同他们相反的科莫多、塞韦罗、安托尼诺·卡拉卡拉、马克西米诺等人的性格，你会发现他们全都是残忍成性、贪婪无度的人物。为了满足军队，他们不惜使人民遭受任何危害。所有这些人都下场可悲，只有塞韦罗除外，因为塞韦罗非常有才能，他虽然压迫人民，却与军队保持友好，所以他总是能够成功地进行统治。他的才能使他在军队和人民中显得十分神奇，人民对他惊讶又敬畏，而军队则对他恭顺又满意。

就一个新君主而论，塞韦罗的行动是伟大而非凡的，所以，我想扼要地说明他是怎样善于运用狐狸和狮子的性格，正如我前文说过的，这两者是君主所必须效法的。塞韦罗知道尤利亚诺皇帝昏庸无能，便说服他所统帅的斯基亚沃尼亚驻军，使他们相信进军罗马，为那个被罗马禁卫军杀害的佩尔蒂纳复仇是正当的。在此借口之下，他向罗马进军，而并未泄露出自己对帝位的觊觎之心。当人们还不知道他出发时，他已经到达意大利，塞韦罗一到罗马，元老院便出于惧怕选他为皇帝，尤利西诺也被杀掉了。在这之后，塞韦罗想要成为整个帝国的主宰还面临着两个困难：其一在亚洲，亚洲军队的统帅尼格已经在那里称帝；其二在西方，阿尔比诺也正觊觎着帝位。塞韦罗认为，如果暴露自己同时与两者为敌是危险的，于是决心进攻尼格而欺骗阿尔比诺。他给阿尔比诺写信说，他被元老院选为皇帝，愿意同阿尔比诺共享此尊荣，所以赠送后者以恺撒的称号，并由元老院决定，加封后者为其并肩王。对于这些事情，阿尔比诺居然信以为真，可是，当塞韦罗打败并杀死尼格解决了东方事件之后，一回到罗马，就向元老院申诉说，阿尔比诺忘记了从他那里得到的恩惠，正在设计谋害他，因此，他必须对阿尔比诺的忘恩负义加以惩罚，于是，塞韦罗在法国找到了阿尔比诺，剥夺了他的政权以及生命。

所以，无论谁仔细研究塞韦罗的行为，都会感觉他既是一头凶猛的狮子又是一只极狡猾的狐狸，并且会发现他既受到人民的敬畏又不使军人憎恨。所以他作为一个新君主，能够保持好帝国就不足为奇了。他极高的声誉使他能够在人民由于他的掠夺行为而生的憎恨中得以自保。他的儿子安托尼诺也是一个非凡的人物，他在人民眼中是可敬爱的，在军人那里也受欢迎。他是一个尚武的人，最能忍受一切艰难困苦，瞧不起一切珍馐美味和安逸舒适，这使他赢得军队的爱戴。可是，他的凶暴残忍却是前所未闻的，他杀人如麻，先后杀害罗马大部分居民及亚历山大里亚的全部居民。这件事使全世界都痛恨他。他身边的人也由此对他感到恐惧，以致他后来被自己军中的一个百夫长杀死了，在这里必须注意：这一类死亡，是他人下决心蓄意造成的，任何人只要不怕死都能够杀害君主，因此君主无法避免它。但是君主用不着为此担惊受怕，因为这种事毕竟为数极少。他只要留意不要过分地伤害身边的人及那些为国家效劳的人，不要像安托尼诺那样，他把那百夫长的兄弟凌辱备至地杀死，之后又每日对其加以威胁，却还继续让他担任自己的禁卫队长。正如事实所证明的，这是非常冒失而必然招致自身陨灭的做法。

我们再谈谈科莫多。因为他是以马可之子的身份依据继承权享有帝位的，他只要步其先父之后尘，使人们和士兵满意，就能够轻而易举地保有这个帝国。可是，由于他生性残忍野蛮，为了能够鱼肉人民便不惜放纵军队；另外，他又不能保持尊严，常常出入竞技场同竞技者格斗，并且做出其他同皇帝尊严极不相称的卑鄙事情，于是，他受到士兵的轻视。这样他一方面招人憎恨，另一方面又被人蔑视，于是人们合谋反对他，最终杀死了他。

现在，我们谈谈马克西米诺的性格。马克西米诺非常好战。正如我已经谈过的，军队由于亚历山大皇帝的软弱优柔而感到不耐烦，于是杀死亚历山大而选举马克西米诺为皇帝。可是马克西米诺却没有长期保持帝位，这是因为有两件事情使他招人怨恨和轻蔑：首先是出身低微，他曾在特拉恰牧羊（此事众所周知，并为人鄙弃）；其次是他在继承统治权时，并不立即去罗马即位，却让他的行政官在罗马及罗马帝国的其他地方干了许多极残暴的事，从而使自己背上残酷之名，这样一来，全世界对他的出身低微抱有轻蔑之感，同时由于害怕他的残酷而产生憎恨之心，于是非洲率先造反了，之后罗马的元老院和罗马人民以及整个意大利都合谋反对他了。后来他的军队也加入了谋反的行列，因为他的军队包围阿奎莱亚，要夺取它而遇到种种困难，于是对他的残酷感到恼恨，同时又发现他们的仇敌如此之多，便不太惧怕他，最终把他杀了。

至于埃利奥加巴洛、马克里诺、尤里亚诺等人，我就不打算谈论了，因为他们十分可鄙而且很快就被消灭了。

但我想就上面的论述总结一下。我认为，我们这个时代的君主们由于其统治的特殊方式，要使自己的军队满意，其困难比过去少多了，因为尽管他们必须对那些军队给以某些照顾，可是这很快就得到解决了，因为我们这个时代任何一位君主都没有一支军队像罗马帝国军队那样，同政府和地方行政当局一样根深蒂固。如果说罗马帝国时代满足军人比满足人民更为必要，那么现代所有的君主，除了土耳其皇帝和那位苏丹之外，满足人民倒是比满足军人更为必要，因为现在人民比军人更有力量了，我之所以把土耳其皇帝除外，是因为他身边经常有一万二千名步兵和一万五千名骑兵，土耳其王国的安全和力量就是依靠他们，因此君主必须同他们保持友好，而把其他一切事情置于其后，苏丹统治的王国也是如此，这个王国完全握在军人手中。因此，苏丹无论是否受人民尊重，都必须同军队保持友好。而且你必须注意到苏丹国家并不同于其他君主国，而是类似天主教的教皇制，它既不能称作世袭君主国，也不能称作新的君主国，因为前一位君主的子孙并不是作为他的继承人，依继承权成为君主的，王位继承人是由有决定权的人推选出来的，这是一个古老的惯例，也正是因此，这个君主国并没有新建立的君主国所遭遇的一切困难，所以不能被称为新的君主国。虽然君主是新的，国家的统治秩序却是旧的，而且它安排迎接新的君主，仿佛他才是世袭的君主。

现在我们回到本题，我想，任何人只要考虑以上论述就会发现，上述皇帝都是由于仇恨或轻蔑导致了灭亡，而且还会看到在那些皇帝中虽然有些这样行事，有些那样行事，但是每一种类型中却只有一人获得幸福的结果，其他人则不幸而终。因为对于同是新君主的佩尔蒂纳和亚历山大来说，想要模仿马可不但徒劳无益，还会有害，因为马可是根据继承权得到王位的。同样地，对于卡拉卡拉、科莫多、马克西米诺来说，想要模仿塞韦罗也是极其危险的，因为他们缺乏足够的才能以步其后尘。因此，一个新君既不能模仿马可的行为，也不能一味学习塞韦罗。但是他可以部分地学塞韦罗那样建立帝国，学马可那样使已经建立并巩固的帝国保持繁盛。

第二十章

堡垒以及君主们每日做的其他事情是否有用

【提要】 本章讨论君主为巩固自己的统治所采取的其他措施，例如武装臣民或者解除他们原有的武装，兴建或者拆毁堡垒等。马基雅维利指出，这些巩固统治的措施不能一概而论，它们有效与否要视具体情况而定。至于堡垒，马基雅维利认为最好的堡垒就是不被人民憎恨。因为即使拥有堡垒，如果人民憎恨你，任何堡垒都无济于事。

有些君主解除其属民的武装，以求稳固地统治国家；有些君主将其所属的城市分而治之；有些君主有意给自己树敌；有些君主努力争取那些统治之初曾怀疑过他的人们；有些君主兴建堡垒，而有些君主则推倒并摧毁堡垒。除非考虑到某一决定的具体情况，否则对于君主们的这些行为无法作出确定的判断，但我还是想在问题本身所允许的范围内来谈一谈。

从来没有一位新君主解除其属民的武装，恰恰相反，当他发现自己的属民没有武装时，他总是把他们武装起来。因为这样一来，那些武力就变成君主自己的。你过去怀疑的人就变得忠诚，而原本就忠诚的则更加一如既往，属民们于是成为忠诚的拥戴者。而且，你不可能把所有的属民全部武装起来，因此，当你武装起一些人并使他们蒙受恩惠的时候，你就能够更安全地对付其他人。这些人由于意识到待遇的差别而对你怀有报恩之心，而其他人也会谅解你，因为他们断定那些冒着更大危险，肩负更大责任的人应该获得更多的奖赏。但是，当你解除他们的武装时，你就开始冒犯他们了，这表明或者由于胆怯或者由于缺乏信义，你不再信任他们了，而这两点无论哪一点都孕育着对你的憎恨。而且由于你不能永远没有武装，你最终不得不依赖雇佣军，而雇佣军的性质我前面已经讲过，即使雇佣军是好的，也不足以抵御你强大的敌人和你的心存疑惧的属民。所以，正如我所说过的，一个新的国家里君主无不整军经武。这在历史上不乏其例。

但是，当一位君主取得一个新国家，并把它纳入其原来的国家时，则必须解除这个新国家的武装，除了那些在你取得这国家时曾拥戴你的人之外，但即使是后者，也有必要在合适的时机使之软化和柔弱，并重新调整以使整个国家的武装都掌握在那原来国家中围绕你而生存的、你自己的士兵手中。

我们的祖先和那些被认为是明智之士的人们常说，保有皮斯托亚必须利用党派之争，而保有比萨却必须靠城堡。

正因为如此，他们在所属的城市制造纷争，以便易于保有它们。这无疑是正确的，因为当时意大利处于一定程度的均衡状态。而在今天，我相信它无法再适用，因为分裂不再有什么好处，相反地，当敌人迫近时，内部分裂的城市总是立即丧失，因为其中较弱的一派总是先投靠了外国军队，而另一派也无法再坚持。

威尼斯人正是基于前述理由，在他们所属的城市中培植格尔夫和吉伯林两派，虽然威尼斯人不让这些派别相争到流血的地步，而只是在他们中制造分歧，使他们纠缠于其中而不会团结一致来反对自己。但是，正如我们已经看见的，这样做的后果对他们并不有利，当威尼斯人在维拉战败之后，这个城市的属民中立即有人鼓起勇气，从威尼斯人手中夺回了整个国家，所以说，这种方法无非是暗示了君主的懦弱。因此，在一个强盛的君主国里，绝不会允许这样的分裂，这种方法只在和平时期有用，借此可以比较容易地驾驭属民，而当战争到来时，这种状态的缺陷就会表露无遗了。

毫无疑问，当君主战胜重重困难和对他的反抗时，他就成为伟大的人物，特别是当幸运女神要使一位新君主成为伟人的时候，因为他比一位世袭君主更需要好名声，幸运之神就会给他树立敌人，并使敌人发动反对他的战争，以便使他有理由战胜他们，并凭借着敌人送来的梯子步步高升。因此人们认为，英明的君主，总是寻找机会，诡秘地树立某些仇敌，并制服他们，从而使自己更加伟大。

君主们，特别是新君主们，已经发现那些在国家成立之初被他们怀疑的人比那些开始时他所信赖的人更加忠诚和有用。西耶纳的君主潘多尔福·佩特鲁奇在治理国家时，使用那些被他怀疑过的人比其他人来得多，当然这种事情是不能一概而论的，而应该就具体情况而定，我只是说，新君主往往更容易赢得那些在国家成立之初敌对的人们，因为他们需要获得君主的支持以求自保，而且他们明白自己必须用行动来消除君主对他们持有的不良印象，他们不得不更加竭尽全力效忠君主。因此，与那些抱着过分的安全感侍奉君主，往往会对所行之事掉以轻心的人们相比，君主往往更容易利用他们。

另外，由于问题本身的要求，我不能不提醒那些依靠当地的支持而赢得新国家的君主，要弄清是什么原因促使那些人支持了他，如果不是出于对新君主的天然喜爱，而只是出于对前政府的不满，那么新君主要与之保持友好将非常麻烦和困难，因为要使他们满意难之又难。回顾古代和近代的事例，并仔细地考究一下，他就会发现，要跟那些满意于前政权而曾与自己为敌的人做朋友，比那些因对前政权不满而与自己为友，并支持自己去夺取它的人更加容易。

这似乎已成为君主们的惯例，为了更安全地保有国家，他们修筑堡垒，作为对付那些阴谋策反者的缰绳和嚼子，或是作为遇到突然袭击时的安全避难所。我赞赏这种做法，因为它自古通用。然而在我们的时代里，已经看到梅塞尔·尼科洛·维泰利破坏了卡斯特洛市的两个堡垒以保住这个国家。乌尔比诺公爵圭多巴回到他过去被切萨雷·博尔贾逐出的领地时，他把该城所有的堡垒夷为平地，因为他认为如果没有这些堡垒，他将更容易保有他的国家。另外，本蒂沃利回到波洛格纳时也采取了同样的做法。因此，堡垒是否有益，要依情势而定，在一种情况下对你有利的，在另一种情况下则可能对你有害。因此，关于这个问题，可以这样说，一位君主如果害怕国人甚于外敌，他就应当修筑堡垒；如果他害怕外敌更甚于国人，则应当废弃堡垒。弗朗切斯科·斯福尔扎所修筑的米兰堡垒，已经给并且将来还要给他家族带来的损害，更甚于该国其他所有混乱。所以，最好的堡垒就是不被人民憎恨。因为即使拥有堡垒，如果人民憎恨你，任何堡垒都无济于事，这是因为一旦人民拿起武器，外敌将不可避免地给予他们帮助。在我们这个时代里，堡垒已不再使君主们得益，当然富尔利伯爵夫人在她丈夫季罗拉莫伯爵死后的情况例外，她以此避免了来自民间的暴动，并等待来自米兰的援助，重新恢复了国家，而且当时那里的情况是外国人不可能帮助她的人民。但是，后来当切萨雷·博尔贾攻击她，反对她的人民同外国人联合起来的时候，她就发现堡垒毫无价值了。因此，当时和以前一样，对她来说，拥有堡垒不如不受人民憎恨更安全。所以，考虑到所有这些事情，我赞同修筑堡垒的君主，也赞同不修堡垒的君主，但我责难那些只知道依赖堡垒，不考虑是否引起人民怨恨的君主。

第二十一章

君主应该怎样做以赢得尊重

【提要】 本章讨论君主如何赢得他人的尊重，马基雅维利认为，没有任何事情比从事伟大的事业和树立卓绝的范例更能为自己赢得尊重了。这包括建立强大的军队以提高国力和国家的地位，在国家内部管理中赏罚严明，在国际舞台上敌友分明、立场坚定，珍爱自己臣民的才能，等等。

对于一个君主来说，没有什么事情比从事伟大的事业和树立卓绝的范例更能为自己赢得尊重。在我们这个时代，阿拉冈国王费迪南多，即当今的西班牙国王，就是一个例证，他几乎可以被称作一位新君主，因为他依靠自己的盛名和荣光，从一个弱小的国王一跃而为基督教世界中的最高君主。如果你仔细考察他的所作所为，你会发现它们都是非常伟大，有些甚至是卓越非凡的，在他开始统治时，他进攻格拉纳达，这项事业奠定了他王国的基础。首先，他行事从容不迫并不怕阻挠，他使得卡斯蒂利的贵族们也全神贯注于此，而当他们只考虑战争时，便无暇顾及革新之事，与此同时，他又在贵族们不知不觉中赢得了尊重和统治他们的权威。他能够依靠教会和人民的金钱来维持他的军队，并在那场漫长的战事中奠定自己武装的基础，这支武装后来给他带来无上荣光。除此之外，为了成就更大的事业，他常常利用宗教，借助于宗教的残酷，他把马拉尼人驱逐出境并掠夺一空，再没有比这件事更悲惨和空前绝后的了。披着同样的宗教外衣，他又侵袭非洲，进军意大利，最近又进攻法国，就是这样，他总是在进行着和安排着伟大的事情，以此使他的臣民们常常心怀疑惑和尊敬地关注着这些事情的结果。而他的这些行动总是一个接着一个地进行，他从不在这些行动之间留有空隙，使人们不能够从容地进行反对他的活动。

另外，一个君主如果在国内统治中能够自身树立卓越的范例，正如人们所说的米兰的麦瑟尔·贝尔纳博那样，当遇到有人在社会生活中做了什么特别的事情（无论是好事还是坏事），他就抓住机会选择给予奖励或是惩罚，这种选择将被人们大加传颂。而最重要的是，一个君主必须殚精竭虑地使自己的行动能赢得伟大和卓越非凡的声誉。

当一个君主是一个真正的朋友或是一个真正的敌人时，就是说，当他毫不犹豫地公开表明支持一方而反对另一方时，他也会受到尊重。这种方法通常比保持中立更为有效，因为如果你的两个强大的邻国打起仗来，其中必有一国取胜，此时你或者不得不对战胜国有所顾忌，或者你并不害怕它，但无论其中任何一种情况，你公开表态并勇于参战总是有利的，因为，如果在前一种情况下，你不公开表态，由于你也终将成为战胜国的战利品，这将使战败国幸灾乐祸，而且你还没有任何理由为自己辩护或是寻求庇护。因为胜利者不需要处于逆境时不援助自己的可疑朋友，失败者也不会庇护你，因为你过去不愿拿起武器和他共命运。

安条克应埃托利亚人之请进入希腊，以驱逐罗马人，安条克派遣使节前往罗马人的朋友阿凯亚人那里，怂恿他们保持中立，罗马人却极力劝说阿凯亚人为他们拿起武器，这件事被提到阿凯亚的会议上进行讨论，安条克的使者劝说他们保持中立，对此罗马的使者回答说："这些人所说的要你们不介入战争，再没有比这与你们的利益更背道而驰的了。没有友谊和尊重，你们也将成为胜利者的战利品。"

事情往往是这样，他如果不是朋友，就会要求你保持中立，而朋友则要求你拿起武器公开表态，优柔寡断的君主常常为了避免当前的危险而采取中立的道路，这常常导致灭亡。但是，当君主明确地表态支持一方，而这一方又取得了胜利时，因为胜利者非常强大，你还是得听他支配，但由于他对你负有一种义务，而且已经同你建立了友好的关系，他不可能如此无耻，以致不惜成为忘恩负义的范例来压迫你。再说，任何胜利都不会如此彻底，以致胜利者可以无所顾忌，特别是可以不顾忌到正义。而如果你支持的一方失败了，你仍将得到他的庇护，他会在自己力所能及的范围内帮助你，而你将成为他再次复兴的伙伴。

在第二种情况下，即你对于交战双方无论哪一方获胜都不害怕的时候，你就更需要审慎地考虑该支持哪一方，因为你在利用他方的帮助覆灭另一方，他方如果明智的话，一定会拯救后者，因为如果他得胜了他就得听你的安排，虽然在你的帮助下，他是不可能不胜利的。

在这里必须着重指出，一个君主必须警惕，千万不要为了进攻他国而同比自己强大的国家结盟，除非万不得已。正如上面所说，因为即使你获胜，你仍将成为强国的俘虏，而君主们应当尽力避免处于听人摆布的境地。威尼斯人同法国人联盟反对米兰公爵（这原本是可以避免的），他们终于因此而导致毁灭。但当君主无法避免结盟时（就像教皇和西班牙出兵攻击伦巴底时佛罗伦萨人的情况），那么，基于上述理由，他就必须结盟。任何国家都不能够认为自己总能选择安全的道路，相反，他应想到自己不得不作出可疑的选择。因为事情通常是，人们在避免一种不利的同时，总难免遭到另一种不利，但是，谨慎的选择就在于能够认识各种不利的性质，以害处最小的作为最佳的途径。

一个君主必须表明自己是一个爱惜才能的人，他必须能识别英才，并给予有特殊才艺者以荣誉。此外，他必须激励他的臣民在商业、农业以及其他一切职业上尽心尽职，必须使人们不必因为害怕财产会被夺走而不愿使之有所增益，或是因为害怕赋税而不愿开办一项行业。相反，君主对于愿意从事这些事情的人，以及试图以任何方法发展他的城市和国家的人都应该准备好奖励。除此之外，在每年适当的时日，他应该使人民忙于节日和赛会。同时，由于每个城市都分为各种行会或部族集团，君主还必须重视这些社会集团，有时会见他们，为自己树立起谦虚有礼、宽厚待人的形象，但同时必须时刻保持王家的尊严，因为这一点在任何事情上都是不允许削弱的。

第二十二章

论君主选用的大臣们

【提要】 本章讨论君主如何遴选大臣。马基雅维利坚持有明君然后才有名臣，而有无名臣则是判别有无明君的一个标志。君主即使不能自身就理解一切，至少应当能够辨别他人所理解的东西。识别大臣贤否的一个方法是看他是否在行动中把君主和国家的利益放在第一位。当然，君主为了笼络大臣，也要考虑到大臣的利益。正是中国古人所说："君使臣以礼，臣事君以忠。"

遴选大臣，对于君主来说实在不是一件小事，他们的良善与否，全在于君主是否明智审慎。人们对于君主智慧的猜测，往往就是通过对他身边的臣子们的观察得来，如果他们都是颇有才具而且忠诚不渝，君主就会被尊为明君，因为他懂得识别贤才并使他们保持忠诚。但如果他们不是这样的人，人们就往往会对君主作出不好的判断，因此这种选择上的错误，将是他最大的错误。

凡是知道麦瑟尔·安东尼奥·达·韦纳弗罗是潘多尔福·佩特鲁奇的大臣的人，无不认为潘多尔福是最卓越的人，因为他选用安东尼奥作为大臣。人的头脑可分为三类：一类自身就能够理解一切，另一类能够辨别他人所理解的事情，第三类则自身缺乏理解力又不懂得别人的理解。这第一类是最优秀的，第二类也可算作优秀，而第三类则一无所用。于是，可以这样说：即使潘多尔福不属于第一类，他也可以算作第二类。因为任何人即使自己缺乏创见，可是他能够判断他人言行的好坏，他就能够识别大臣作为的善恶，并扬善避恶，那么大臣们就不能指望欺骗他，而必须保持良善。

关于君主如何识别他的大臣，这里有一个屡试不爽的方法：当你察觉一位大臣想着自己更甚于想着你，在他的一切行为中总是追求自己的利益时，那么这样做的人就绝不会是一位好大臣。你绝不可信赖他，因为作为臣子，国家就操纵在他手中，他不应该想着自己，而应该一心想着君主并绝不想及与君主无关之事。另外，为了使大臣保持忠贞良善，君主也必须常常想着大臣，给他财富以使他感恩戴德，赐予荣誉以使他分担职责，并使他明白离开君主，他将无所依傍，于是，众多荣耀使他更无所求，大量财富使他不敢再奢望，许多的职责使他害怕被替代。因此，当大臣们以及君臣关系处于这样一种状态时，他们之间就可以相互信服；反之只会贻害双方。

第二十三章

如何避开谄媚者

【提要】 本章旨在教会君主避开谄媚者。马基雅维利首先提出一个二难推理：必须避开充满朝廷的谄媚者这种瘟疫；但为了避开谄媚者，就必须鼓励人们讲真话，如此又要冒被人轻视的危险。英明的君主应采取第三种方式，即在国家中选择一批有识之士，只允许他们有讲真话的自由，也仅仅限于君主所询问的事情，除此之外在任何事上都不轻信他人。否则，君主不是被谄媚者所毁，就是由于没有主见、变更频繁而遭人轻视。

我不想漏掉一件重要的事情，如果君主对此不是十分审慎，或者不能作出很好的选择，他就难保不犯错误。这就是充满朝廷的谄媚者。人们总是对自己所做的事自鸣得意，并由此蒙蔽了自己，所以他们难以防御这种瘟疫，而如果他们想防御它，又要冒着被人轻视的危险。因为要防止他人的谄媚，除非人们知道对你讲真话不会得罪你，而如果人人都敢于对你讲真话，那么他们就又缺乏对你的敬畏了。因此，一位明智的君主就必须选择第三种方法，在国家中选择一些有识之士，只有对这些人，让他们享有讲真话的自由，而这也仅限于对君主所询问的事情，而不是其他任何事情。但是君主对于一切事情都必须征询他们的意见，并按照自己的方式作出决定。对于这些顾问团以及他们中的每一位成员，他必须使他们觉得谁愈敢直言，谁愈受欢迎。除了这些人之外，他应该不再听信其他人的话，他推行已决定之事，并且对于自己的决定坚定不移。任何君主如果不如此行事，不是为谄媚者所毁，就是由于没有主见、变更频繁而遭人轻视。

关于这个问题，我想引述一个当代的例证。当今皇帝马克西米利安的臣子卢卡神父在谈及皇帝陛下时说，皇帝从不听取他人意见，又从不按照自己的方式行事。这正是由于他采取了与上述相反的策略。这位皇帝是一个守口如瓶的人，他从不把自己的计划告知他人，也从不听取他们的意见。但是当他实施计划时，它们难免被人们揭开和知悉，并开始遭到周围人的反对，这位皇帝禀性又很轻信，便轻易地更改计划。结果，他今日所做的事明日又推翻，谁也不理解他所想的是什么，打算做的是什么，于是也没有人能够信赖他的决定。

因此，一位君主应该常常听取建议，但这应该是在他自己愿意的时候，而不是他人愿意的时候，另外，除了对于他征询意见的事情，他应该使每一个人都不敢多说废话。但他又必须经常是一位广泛征求建议者，关于他所询问的每一件事情，他都有耐心听取真话。当他了解任何人不论出于什么原因，不把真话告诉他时，他应该表示愤怒。许多人认为任何赢得英明之誉的君主之所以被认为英明，并不是由于他个人的资历，而是由于他身边有一些好的顾问，这毫无疑问是个误解。因为这其中有一条颠扑不破的通则：如果不是君主本人英明，他就不可能获得忠告，除非碰巧他听从于某一人的支配，而这人恰好明智审慎。但在这种情形下，君主即便有可能做得好，却无法长久，因为那支配者在短时期内就会篡夺他的国家。但是，当君主征询意见于更多人的时候，如果他不英明便不可能获得一致的忠言，也不知道如何使它们统一起来，那些顾问每人都想着自己的利益，君主却不能了解并矫正他们。因为事情只能是这样，除非有某种需要驱使人们对你保持忠诚，他们总会变成邪恶。由此我们得出结论：一切良好的建议，不论来自何方，必然是出自君主的贤明，而不是君主的贤明出自良好的建议。

第二十四章

意大利的君主们为什么丢了国家

【提要】以上各章从正面探讨君主应做之事，本章则从反面以意大利亡国之君为例再次说明：依赖雇佣军或者援军、招惹人民的怨恨和轻视，是他们亡国的根本原因。

如果上述的事情都能被审慎地遵守，它们会使一个新君主显得如同旧君主，而且立即在他的国家里带给他更多的安全和稳定，甚至比旧君主更多，这是因为人们对新君主的所作所为，比对世袭的旧君主更加关注，而如果这些作为被认为是高尚的，则它们比高贵的血统更能吸引人们，更使人们感激，因为当前的事物比过去的事物更加吸引人们，当他们感觉现在好时，他们就会沉醉于其中而别无所求。所以事实上新君主只要在其他事情上没什么缺陷，人们就会竭尽全力保卫他。这样一来，由于他创立了一个新的君主国，并以公正的法律、强大的武装、良好的盟友以及好的范例，使国家强盛而巩固，他就会获得加倍的荣耀。反之，一个世袭的君主，由于缺乏审慎而丧失王国将会遭到加倍的羞辱。

如果考察一下我们这个时代那些丧失了自己国家的意大利统治者，如那不勒斯国王、米兰公爵以及其他君主，人们就会在他们身上发现，首先，他们的军队都有一个共同的缺陷，原因前文已详细谈过。其次，他们中有些人不是与人民为敌，就是即使与人民友善却不知如何使自己免于与贵族对抗，而如果没有这些缺陷，只要有足够的力量在疆场上保持一支军队，他们就不会丢失国家。马其顿的菲利普，不是亚历山大的父亲，而是被蒂托斯·昆托斯所打败的那个人，并不曾拥有一个能同攻击他的罗马人和希腊人媲美的强大国家，但由于英勇善战，知道怎样对待人民，怎样对付贵族，所以尽管他最终失去了几座城市的统治权，却依然保有他的王国。

因此，我们的那些曾经拥有王国后来又丧失了它们的君主，不应该诅咒运气不佳，而应该责备自己庸碌无能。在天气好的时候从不考虑可能会发生变化（在风和日丽时从不考虑会有狂风骤雨，这是人们共同的缺点），于是一旦天气变坏，便只想逃窜，而不考虑如何防范。他们期望人民在惨遭征服者的凌辱之后，会迎接他们回来。当然如果别无他法，这也算作一条路子，但如果只是寄希望于此，而忽视其他补救之法，那就太糟糕了。因为，任何人都不应该耽于日后会有人使他复位的幻想。不管这种情况会不会出现，它都不会使你安全，因为依靠的是别人而不是你自己。只有依靠自己和自身的德行才是安全、可靠和长久的。

第二十五章

在人类事务中命运的力量有多大以及如何对抗它

【提要】 本章专门讨论命运，是《君主论》最精彩的篇章之一。马基雅维利承认命运的支配作用，但认为命运只能支配我们的一半行动，而我们的另一半行动是由我们自己支配的。命运就像暴虐的河流，只有在我们的力量没有做好准备抵抗它的时候才显出它的威力，而我们完全可以修筑水渠和堤坝来控制它。命运也就是时势，如果一位君主的行为符合时代的特性，他就会昌盛，反之就会败落，命运之神是一个女子，要想控制她，就必须战胜她。因此，人在命运面前应充分发挥自己的主观能动性。

我不是不知道，许多人一贯认为世界上的事情是由命运和上帝支配的，以至于人们无法以其智慧加以更改，事实上对此人们也别无良策，正因为如此，他们断定只有让事情听从命运的支配，人没有必要为此白费心思。这种意见在我们这个时代尤其可信，因为人们已经看到和正在看到的各类重大事件的变化总是出乎每个人的预料。想到这些，我有时也在某种程度上倾向于他们的意见。然而，为了不摒除我们的自由意志，我认为正确的应是：命运是我们行动的半个主宰，而留下其余的一半或几乎一半归我们自己支配。我把命运比作一条暴虐的河流，当它被激怒时，便淹没原野，毁坏树木和房屋，将泥土从一处掀起又落到另一处，在洪水面前人人奔逃，屈从于它的暴虐而无力抗拒。但尽管如此，人们还是能够在天气好的时候，修筑堤坝和水渠以做好防备，使得日后水涨时，能够顺河道宣泄，从而使水势得到控制而不致泛滥成灾。对于命运，情况也大致相同，当我们还没有做好准备抵抗命运时，命运就显出它的威力，她知道哪里还没有“修筑水渠或堤坝”来控制她，她就在哪里施展威风。如果你考虑一下意大利——它正是这些变动的滋生地，同时又给了它们动力——你就会看到它正像一个既没有水渠也没有任何堤坝的平原。如果意大利像德国、西班牙和法国那样，能有适当的力量加以保护，那么这洪水就不至于造成像今天这样巨大的变动，甚至根本不会出现任何变动。

我想，就一般地谈谈抵抗命运的事而言，这已经足够了。但我还想专门谈谈特殊方面。我说，人们看到有的君主今日强盛，明日却毁灭，但他的天性和品质却没有发生什么改变。之所以如此，我认为任何一位君主如果完全依靠命运，则命运变化时就只有毁灭。而且我认为，如果一位君主的做法符合时代的特征，他就会昌盛；同理，如果他的行径与时代不一致，他就败落。因为人们在为追求荣誉与财富所从事的事业上，有不同的方法：有人谨慎从事，也有人急躁鲁莽；有人依靠暴力，也有人运用技巧；有人能够忍耐，也有人恰恰相反，而每一个人却用不同的方法达到了各自的目的。人们还会看到两个谨慎小心的人，一个实现了目标，另一个则不然；同样的，两个禀性不同的人，一个谨慎，另一个急躁，却一样成功了。其原因不外乎他们的做法是否符合时代特征，由于我已讲过的原因，结果两个人行动不同，却取得同样的效果，而另两个人行动相同，却一个达到目的，另一个失败了。盛衰的变化也是如此：如果一个人谨慎、耐心地行事，而时间与事态的发展也是一成不变的，那么他就成功；但如果时间和事态变化，他就会因为没有改变他的做法而失败，可能没有人能够如此谨慎小心地使自己适应这些情况，因为他不能离开天性驱使他走的路子，还因为他走一条路子一直顺利，就无法说服他离开这条路子。因此一个谨慎的人，到了需要采取迅猛行动时却不知所措，结果只有毁灭。但是如果一个人能够随着时间和事态的发展而改变自己的性格，那么他的命运就不会变坏。

教皇朱利奥二世做任何事都是迅猛的，由于他觉察到时代和事态与他的做法相协调，所以他总是达到目的。请考察一下麦瑟尔·乔万尼·本蒂沃利还活着的时候，教皇对波洛格纳的第一次出征，当时威尼斯人对此很不满，西班牙国王也不赞同，朱利奥就同法国商议这项计划。然而，由于他的刚强和冲动的个性，他亲自发动远征。这一行动使西班牙和威尼斯人犹豫不定，后者出于恐惧，前者则出于想要重新取得那不勒斯王国的愿望。另外，教皇把法国国王拉过来跟着自己。法国国王看到朱利奥已经行动起来，并且希望与朱利奥成为朋友，以便使威尼斯人俯首帖耳，也就自己认定不可能不给教皇军队，除非想要公开得罪他，于是朱利奥以迅猛的行动完成了这一事业，这是任何一个其他教皇以人间最高的深思熟虑都无法成功地完成的，因为如果他像其他任何一位教皇那样行事，等各项条件都确定下来，一切事情都安排就绪才能离开罗马，他就绝不可能成功了。因为法国国王将会有一千条托词，而其他人也会对他有一千种担忧。我这里关于他的其他行事就略去不谈了，它们全都属于这一类的，而且全都很成功。他短促的生命使他没有相反的经历，因为如果到了他必须谨慎行事的时候，他就可能会被毁灭，因为他永远不会偏离那些天性所使然的做法。

因此我得出结论：当命运变化而人们仍顽强地坚持自己的方式，如果人们同命运协调一致就会繁荣昌盛，如果同命运不相协调就会败坏衰落。我确实断定：迅猛胜于谨慎，因为命运之神是一个女子，如果想控制她，就必须攻击她、战胜她。人们可以看到，她宁愿让行动迅猛的人，而不是那些按部就班毫无热情的人战胜她，因此，命运就像女子一样，常常是青年人的朋友，因为他们虽然欠缺小心谨慎，却更为凶猛、大胆而能够使她俯首听命。

第二十六章

将意大利从蛮族手中解放出来的劝告

【提要】 本章是全书的点睛之笔，与献辞首尾呼应，说明此书写作的目的就是希望美第奇家族顺应时势，发奋图强，组织一支自己的军队，拯救意大利于苦难之中。

在考虑过上述全部事情后，我不禁想此刻的意大利是否能够为一位新君主提供荣耀，是否能给审慎有德的君主一个机会，以便他采用某种方式为自己博得荣耀，给本国人民带来好处。许多事情在我看来都将对一个新君主有利，我不知道什么时机比现在对新君主的行动更有利。而且正如我说过的，为了表现摩西的德性必须使以色列人在埃及沦为奴隶，为了认识居鲁士精神的伟大必须使波斯人受米底人压迫，为了表现提修斯的卓越必须使雅典人流离失散；而在当代，为了认识一位意大利领袖的能力，就必须使意大利沉沦到它现在的处境，必须比希伯来人更受奴役，比波斯人更受压迫，比雅典人更加流离失散，既没有首领，也没有秩序，受打击，遭劫掠，被分裂，被蹂躏，忍受这种种的毁灭。

虽然最近在某人身上一线光明闪过，使人们认为他可能是上帝派来救赎意大利的，但后来他在事业正值高峰之时，却被命运抛弃了。于是意大利似乎毫无生机，在等待任何一位能够医治她创伤，制止在伦巴底的劫掠以及在那不勒斯王国和托斯卡纳的勒索，能够医治她纠缠已久的伤痛。我们看到她怎样祈求上帝派人把她从蛮族的残暴和侮辱中解救出来。我们还看见她已准备好并愿意追随这旗帜，只要有人将它举起。而现在除了在您那显赫的王室之中，她再也不可能找到一个可以寄予更大希望的人了，这个王室由于它的好运和美德，受到上帝和教会的支持，现在是教会的君主，因此可以成为救世者的领袖。如果想一想我在上面谈到的那些人物的行为与生平，这件事就并不困难。而且，虽然他们都是令人惊讶的旷世奇才，但他们毕竟也是人，而且他们中每个人当时的机遇并不比今日更好，他们的事业并不更加正当和容易，上帝对他们也并不比对你们更加友好。伟大的正义是属于我们的，因为“对于需要战争的人们，战争是正义的；当除了拿起武器就毫无生存希望之时，武器是神圣的”。在这里，有极其伟大的意愿，而正由于这伟大的意愿，只要您的王室采取我已经推荐的那些人的方法，这里就不会有太大的困难。除此之外，现在我们还看到上帝所显现的绝无仅有的奇迹：[1]大海分开了，云彩为你指路，顽石涌出泉水，吗哪自天而降；一切事物都已经因为您的伟大而联合起来。剩下的您就必须自己去做了。上帝不想包办一切，以免把我们的自由和应该属于我们的那部分荣耀夺去。

如果我们期望您显赫的王室可能做的事情，上面提到的意大利人从来没有一个能实现，如果在意大利的多次革命和许多战役中，意大利的军事力量似乎全被消灭了，这并不是什么怪事。这是由于它的旧制度不好，而又从来没有人懂得怎样制定新制度。因此，没有什么比创建新的法律制度能使一个新近当权的人获得更多的荣誉了。这些法律和制度如果建立得当，并且确实有伟大之处，就能使他赢得尊敬和钦佩。而意大利并不缺乏材料以创造任何形式，只要头脑不贫乏，四肢就会有巨大的能力，看一看在决斗中以及少数几个人的搏斗中，意大利人的勇力、机敏和智力是多么超出一般。但是当他们进入军队时就不能与人相

1　在《旧约》中，摩西率领以色列人出埃及时上帝所显示的神迹。吗哪指上帝所赐的食物。

比。这一切都是“头脑”[1]软弱的结果，因为那些高明的人不服从他们，而每一个人都自认为高明，因此，迄今为止没有一人在能力和幸运这两方面出类拔萃，并能够使其他人折服。因此，在那样长的时间里，在过去20年所进行的许多战斗中，当一支军队全是意大利人的时候，它就会被证明为软弱无能。关于这一点，首要的证据就是塔罗之战，另外还有亚历山大、卡普亚、热那亚、维拉、波洛格纳和梅斯特里诸战役。

因此，如果您那显赫的王室决定效法我前面提到的那些拯救国家的优秀人物的话，首先就要组织自己的军队来作为任何一项事业的基础，因为没有比他们更忠实、更真诚和更优秀的士兵了。而且，虽然他们每一个都很优秀，但当他们接受君主的指挥，得到荣誉和优待的时候，他们会团结一致而变得更好。因此，为了能够运用意大利的实力防御外侮，必须组建这样一支军队。虽然瑞士和西班牙的步兵被认为是可怕的，但他们各有缺点，所以，这第三种类型的军队不但能够抵抗他们，而且确信能够战胜他们，因为西班牙人不能够抵挡骑兵，而瑞士

1　头脑，指领导者。

人一旦在战斗中遇到同自己一样顽强的步兵时总不免害怕。所以经验已经证明，而且还将证明，西班牙人不能够抗拒法国骑兵，而瑞士人则被西班牙步兵消灭。虽然后一件事至今还无法看到整个经历，但是在拉文纳战役中还是有了一个暗示：当时西班牙步兵与采取和瑞士人同样战术的德国军队会战，西班牙人依靠他们身体的敏捷和盾牌的帮助，潜入德军跟前，在德军长矛无能为力的情况下，安然地袭击德军，使之无法招架；如果当时西班牙人没有受到骑兵的袭击，他们一定会把德国人全部消灭掉。因此，如果从这两种类型步兵的缺陷中吸取教训，就能够创建一种新型的既能抵御骑兵又不害怕步兵的军队。要做到这点，就要选择武器，改变军队制度。而这就像一切新制度一样，会给一位新君主带来声誉和伟大的地位。

因此，一定不要错失这个机会，使意大利在经过这许多时间之后，终于能够看到她的救星出现。我无法表达出，在备受外国蹂躏的一切地方，人们将怀着怎样的热爱、对复仇雪耻的渴望，以及多么顽强的信仰，抱着赤诚，含着热泪来迎接他？怎么会因为嫉妒而反对他？有哪个意大利人会拒绝对他效忠？蛮族的统治已如此臭不可闻。而您显赫的王室，请你们以从事正义事业所具备的那种精神和希望，担负起这重任，使我们的祖国在她的徽章下重获荣光，并在她的主持下实现佩特拉克的诗句：

反暴虐的力量，快拿起枪，
莫使战斗延长，
在意大利人心中，
古人的勇气至今没有消亡。

附　录

【提要】 这里收录的是马基雅维利写给佛罗伦萨赴教廷大使弗朗切斯科·韦托里的一封信。在这封信中，马基雅维利一方面描述了在政坛失意后的日常生活，另一方面讲述了他如何与古人精神交往，并在此基础上写就了《君主论》。读者可从这封信中一窥《君主论》的写作背景，以及马基雅维利当时的心境。

大使阁下：“神的宠爱来得永不为迟。”我这样说，是因为看起来我已失去了——不，毋宁说错待了——您的宠爱；您好久没有给我写信了，我不清楚是什么原因。对于涌入我脑海的一切原因，我全都不在意，只有一个除外：我害怕您不给我写信是因为有人写信告诉您，我没有保管好您的信。我知道，除了菲利波和保罗[1]以外，没有任何人经我的手看过它们。从上月 23 日您最近一封信中，我再次发现了您的宠爱，我万分高兴地获悉，您是多么有条不紊、沉着冷静地履行您的公职，我支持您这么继续下去。因为，谁若是为了别人的利益而放弃自己的利益，只会自蒙损失，

1　菲利波和保罗：菲利波·卡萨韦基亚和保罗·韦托里。

从别人那里得不到任何感激。由于命运女神无所不欲，她希望人们由着她任意作为，保持淡定，不给她找麻烦，等候她允许人们做些事情的那个时刻到来。那个时刻对您来说，意味着更加努力工作，更加情绪高涨，对我则意味着离开农庄，宣布“我来了”。虽然想投桃报李，可是在这封信里，我仅能告诉您，我的生活是什么样子。您若觉得还愿意和我通信，我会非常乐意。

我现在生活在自己的农庄里，自从遭受了最后一次不幸后，我待在佛罗伦萨的日子总共不到二十天。迄今为止，我一直在亲手捕捉画眉鸟。天不亮我就起床，准备好粘鸟胶，背上一串鸟笼出门去，看上去就像是背着安菲特里翁的书从港口回来的盖塔[1]。最少时我能捕到两只画眉，最多时能捕到六只。整个 9 月我就是这样度过的。这种消遣实在是可鄙而怪诞，现在停止了，它并不能给我带来快乐。我想要告诉您，我过的是怎样一种生活。早上我日出

1　暗引《盖塔与比丽亚》(*Geta e Birria*)，一部风靡 15 和 16 世纪的、根据普劳图斯的《安菲特里翁》改编的八行体小说，在小说里，安菲特里翁让他的仆人盖塔背负着沉甸甸的书籍去见其妻子阿尔库梅纳，预先告诉她他即将回来。这个仆人的名字，在普劳图斯的剧本里叫索西亚，在泰伦提乌斯的《福尔米翁》里却是叫盖塔。关于“我看上去像盖塔”这句话的意涵的详细讨论，参看 Najemy，*Between Friends*, pp. 221—230; Najemy，“Machiavelli and Geta”。

而作，然后去我正在让人砍伐的一片森林。我在那里逗留几个小时，巡视前一天的工作，和伐木工一起消磨一段时间，他们总有一些现成的不幸的故事，要么说他们自己，要么说他们的邻居。关于这片树林，我能告诉您在与弗罗西诺·达·潘扎诺和其他一些想要木柴的人做买卖时，发生在我身上的无数趣事。特别是弗罗西诺，没跟我打声招呼就派人来取大量的木柴，结算时他又想克扣我十里拉，说这是四年前在安东尼奥·圭恰迪尼家里玩牌时他赢我的。我恶从心生，打算把前来取柴的车夫当作贼去告发，但后来乔瓦尼·马基雅维利来插手，让我们和解了。起北风了，巴蒂斯塔·圭恰迪尼、菲利波·吉诺里、托马索·德尔·贝内，以及其他的公民，都向我订购木柴。我给每人许了一些；我给托马索送去了一车，然而到了佛罗伦萨就变成了半车，因为托马索、他的妻子、孩子和仆人们把柴堆成了密密匝匝的一堆——他们看上去就像加布拉（佛罗伦萨一个有名的屠户）在星期四和他的伙计们剥牛皮的样子。后来我发现自己并不赚钱，于是便告诉每个人已无柴可卖了；他们对此感到恼火，特别是巴蒂斯塔，他把这件事也算成了他在普拉托的灾祸之一[1]。

1　巴蒂斯塔·圭恰迪尼是普拉托的行政长官，普拉托遭劫时，他曾试图逃出该城，被西班牙人俘虏。

离开小树林，我就去泉边，然后去几处我布置了鸟网的地方。我在胳膊下夹一本书，或是但丁的，或是彼特拉克的，或是某个二流诗人的，诸如提布卢斯、奥维德等类。我读着他们的爱情，想着自己的，这些遐想让我得到片刻的快乐。然后我顺路走向客栈，跟过路的人聊天，问问他们村子里有什么新闻，听听五花八门的事情。我观察人类，观察他们形形色色的爱好和幻想。在这之后，就该吃饭了。我和家人吃一些这个贫瘠的农场和我微薄的家产所能提供的食物。吃完以后，我就回到客栈，那里有店主，通常还有一个屠户，一个磨坊主，两个烧窑工。在一天余下的时光里，我和他们在一起，自甘下流，玩牌下棋。这些游戏引发了数不清的争吵和无休止的谩骂。我们时常为了一分钱吵得不可开交；吼声甚至在两里外的圣卡夏诺都听得到。沉溺在这些琐事里，我一扫胸中块垒，不再埋怨我的命运，甘心受这种欺凌，就是想看看，命运之神如此待我，会不会觉得羞愧。

黄昏时分，我就回家，回到我的书斋。在房门口，我脱下了白天沾满尘土的工作服，换上朝服，整我威仪，进入古人所在的往昔宫廷，受到他们的热心款待，我在只属于我的精神食粮中汲取营养，这是我天生就适于食用的。在那里，我毫无顾忌地和他们交谈，问他们出于什么动机而作出那些行动，他们亲切地回答我的问题。在四个钟头里，我毫不感到疲倦，忘记了一切烦恼，不怕穷，也不怕死，完全被他们迷住了。但丁说过，已知道的东西不等于学问，除非把它记录下来[1]；他们的谈话对我大有助益，我记下了一切，写成一本小册子《君主论》(*De principatibus*)。在这本书里，我竭力钻研了这个问题，探讨君主国是什么，有哪些类型，如何建立，如何维持，以及为何会失败。如果我的任何幻想曾给过您快乐的话，这本书想必也不会令您失望。它还应该会受到一位君主，特别是一位新君主的欢迎。因此，我要把它献给朱利亚诺殿下[2]。菲利波·达·卡萨韦基亚已看过此书，他能告诉您这部作品的内容以及我同他讨论的情况，尽管我仍然在扩充和修订它。

1　但丁：《天堂篇》第5章第41—42行。

2　朱利亚诺殿下：几乎没有证据表明内穆尔公爵对马基雅维利的处境很感兴趣，他于1516年3月17日去世。值得一提的是，马基雅维利上呈的简本《君主论》与今天所见的《君主论》前十章完全一致。关于《君主论》的写作时间问题，以及马基雅维利为什么改变了主意、转而把它题献给洛伦佐二世·德·美第奇（洛伦佐二世后来在1516年10月8日成为乌尔比诺公爵），参看*Prince*, Atkinson, pp. 23—25; Clough, "Yet Again;" Butters, *Governors*, pp. 223—225; Ridolfi, *Vita 7*, pp. 256—258, 525—527; Sasso, *Pensiero politico*, p. 331, "*Scopo pratico*," pp. 81—109。新近的更多讨论，参看Martelli, "*Logica Provvidenzialistica*," Najemy, *Between Friends*, pp. 177—184。

大使阁下，您希望我远离现在这种生活，去同您享受生活。我可以那样做，但是现在有些事在吸引着我，我会在六个星期之内完成。使我疑虑的是，索德里尼兄弟[1]在罗马，我去到那里，将不得不去拜访他们，和他们谈话。我害怕在回来时，将不是在家里下马，而是在警署监狱[2]下马。尽管现政权[3]拥有极坚固的基础和强大的安全保障，但它仍然是新政权，因而难免多疑。再说也不乏自作聪明的人，比如保罗·贝尔蒂尼之流，为了沽名钓誉，会给其他人点一桌子大餐，让我来买单。我恳求您为我消除这恐惧，这样在上述时间内我就能去拜访您了。

我已同菲利波谈过我的那本小册子，是献出去好，还是不献为好？若献出去好的话，那么是我自己带去好，还是寄给您好？若不献的话，我担心朱利亚诺殿下会读不到它，而卑鄙的阿尔丁盖利[4]会用我这部新著捞取名誉。有一

---

1 索德里尼兄弟：枢机主教弗朗切斯科·索德里尼及其兄皮耶罗·索德里尼。

2 警署监狱（*bargello*）：此地现在是一座国家博物馆，以前曾经是一座监狱，博斯科利阴谋败露后，马基雅维利在这里受到酷刑折磨。

3 现政权：最近重返佛罗伦萨的美第奇家族的政权。

4 阿尔丁盖利在 1515 年 2 月 14 日所写的一封信里建议朱利亚诺·德·美第奇避免与马基雅维利发生任何接触，信文见 Clough, “Yet Again,” p. 39。阿尔丁盖利这样做是听从了枢机主教朱利奥·德·美第奇的建议，此人强烈反对朱利亚诺一方与马基雅维利进行任何接触。

个原因强烈地驱使我把它献出去，因为我用光了自己的钱，现状已难以为继，我很快就会因为贫穷而受人蔑视。此外，我希望我们现任的美第奇君主能起用我，就算他们让我从滚石头干起也行。到时候我若不能获得他们的眷顾，就只好怨自己了。读了这本书就会发现，十五年来我既没有睡大觉，也没有混日子，而是一直在钻研治国的技艺，谁都会乐于接受一个能从他人的代价中汲取丰富经验的人服务的。至于我的诚实，应该没问题吧！因为我一直保持着诚实，所以现在我也不会去学习如何毁掉它，况且像我这样一个四十三年[1]来一直保持诚实的好人，是不会改变自己的本性的；而为我的诚实与善良见证的，正是我的贫穷。

所以，请来信谈谈您对此事的看法。拜托了。祝，吉祥如意。

1513 年 12 月 10 日

尼科洛·马基雅维利于佛罗伦萨

（段保良　译注）

1　四十三年：马基雅维利生于 1469 年 5 月 3 日，他之诚实与善良地为佛罗伦萨效力在 1512 年 11 月结束，那时他已四十三岁，写这封信时他有四十四岁。